吉林财经大学资助出版

吉林财经大学博士基金项目"吉林省战略性新兴产业外向发展研究"（2017B17）

开放型经济体系建设下
战略性新兴产业外向发展策略研究

Research on the Outward Development of Strategic Emerging Industries under the Construction of Open Economy System

王艳秀/著

中国财经出版传媒集团

经济科学出版社
Economic Science Press

图书在版编目（CIP）数据

开放型经济体系建设下战略性新兴产业外向发展策略
研究/王艳秀著. —北京：经济科学出版社，2020.9
ISBN 978 - 7 - 5218 - 1698 - 3

Ⅰ. ①开… Ⅱ. ①王… Ⅲ. ①新兴产业 - 产业发展 -
研究 - 中国 Ⅳ. ①F269. 24

中国版本图书馆 CIP 数据核字（2020）第 125237 号

责任编辑：杜 鹏 常家凤
责任校对：靳玉环
责任印制：邱 天

开放型经济体系建设下战略性新兴产业外向发展策略研究
王艳秀/著
经济科学出版社出版、发行 新华书店经销
社址：北京市海淀区阜成路甲 28 号 邮编：100142
编辑部电话：010 - 88191441 发行部电话：010 - 88191522
网址：www. esp. com. cn
电子邮箱：esp_bj@ 163. com
天猫网店：经济科学出版社旗舰店
网址：http://jjkxcbs. tmall. com
固安华明印业有限公司印装
710×1000 16 开 11 印张 200000 字
2020 年 9 月第 1 版 2020 年 9 月第 1 次印刷
ISBN 978 - 7 - 5218 - 1698 - 3 定价：58. 00 元
（图书出现印装问题，本社负责调换。电话：010 - 88191510）
（版权所有 侵权必究 打击盗版 举报热线：010 - 88191661
QQ：2242791300 营销中心电话：010 - 88191537
电子邮箱：dbts@esp. com. cn）

前　言

　　战略性新兴产业对经济发展的带动作用越来越显著，为促进中国战略性新兴产业全产业链的建设与发展，中国战略性新兴产业的发展路径选择与优化必须考虑国际经济形势的变动与中国的实际国情。开放型经济建设有利于世界各国促进劳动力、商品等各种要素自由流动，实现资源在全世界的最优配置，促进经济效率最高化。开放型经济新体制新机制建设可以使政务环境、投资环境、贸易环境、市场环境更加优化，显著提高市场化程度，可以为中国战略性新兴产业发展提供更广阔的平台与便利条件。

　　中国战略性新兴产业的兴起与发展，为中国产业生态化发展、对外贸易结构进行优化调整增添了新动力。开放型经济建设为中国战略性新兴产业的外向发展提供了更好的机遇与条件，在战略性新兴产业外向发展中，我们需要重新审视中国战略性新兴产业的竞争优势来源与动态变化，努力实现经济效益和生态效益双赢，通过战略性新兴产业的发展，有效带动相关产业外向发展模式的改革与优化调整。

　　本书以经济开放的视角对中国战略性新兴产业在国际市场中的发展策略与动力进行综合研究，对开放经济建设与战略性新兴产业外向发展的互动关系进行系统分析，研究加快中国战略性新兴产业外向发展的策略，提升开放型经济体系下中国战略性新兴产业应对风险的能力，总结中国战略性新兴产业外向发展的一般规律性。本书从国际环境、区位条件、产业外向度和产业竞争优势四个方面对中国战略性新兴产业外向发展的条件进行分析；从区域之间的互补视角探讨了中国对内开放和对外开放下战略性新兴产业的产业链跨区域建设和国际化建设的基础和可能性；研究了开放型经济体系建设下中国战略性产业外向发展的平台与政策机制；从开放经济体系建设的战略高度，研究了中国战略性新兴产业外向发展的具体策略。

本书对中国战略性新兴产业在发展中面临的国内外主要风险进行主次因素分析，立足强化战略性新兴产业的竞争优势，综合技术研发与转化中的问题与困难、产业成长条件等主要影响战略性新兴产业发展速度与质量的方面，主要依据企业成长有关理论，探讨中国战略性新兴产业在成长过程中的外向发展策略。本书不拘于战略性新兴产业的本土发展路径研究，而是立足全球化和产业链国际化延伸的视角，研究增强中国战略新兴产业原始性创新、新的动态优势形成等问题，从产业可持续发展角度，以加快企业核心技术研发与提升战略性新兴产业国际竞争地位为目标，研究设计科学合理的、尽可能最优化的支持政策与产业发展建议。

王艳秀

2020 年 3 月

目　　录

第 1 章

绪　　论

开放型经济建设，有利于世界各国促进劳动力、商品等各种要素自由流动，实现资源在全世界的最优配置，促进经济效率最高化，但是在全球经济失衡背景下，尤其是金融危机之后，很多国家通过各种隐形的贸易保护手段，影响了中国的对外贸易与要素流动，这给中国企业的外向发展带来了风险。

与此同时，各国为了解决失衡问题，也在积极进行自身的产业结构调整与改革，各国都积极促进以战略性新兴产业为主导的产业发展，增强产业竞争力，将发展战略性新兴产业作为经济增长的重要引擎，努力争夺新的经济发展制高点。这也给中国企业在争夺国际市场份额和提高国际地位方面带来了新的机遇。战略性新兴产业将成为引导未来经济社会发展的重要力量。

1.1
国内外研究动态

对于开放型经济与战略性新兴产业的研究，国内外学者更多的是选择其中一个方面展开研究，极少地从特定的国家，以经济开放的视角对战略性新兴产业在国际市场中的发展策略与动力进行综合研究，对开放经济建设与战略性新兴产业外向发展的互动关系进行系统分析。本书主要是综合开放型经济建设对战略性新兴产业外向发展的能动作用；战略性新兴产业竞争优势形成条件；国际主要经济景气变动特点等前期研究成果，对中国战略性新兴产业发展的条件、可能遇到的风险、竞争优势的变动和主要支持政策等内容展开系统研究。

在研究开放型经济建设对产业外向发展的促进作用方面，学者们主要从开放型经济建设对产业结构优化、技术升级等的影响、地方开放型经济建设的差异性和提升产业竞争力等方面进行了详细的论述。戈皮纳思（Gopinath，2001）等人用一般均衡理论进行研究，结果发现，贸易开放提高了具有较高人力资本和技术的产业专业化程度。陈飞翔（2001）在《对外开放与产业结构调整》一文中提出，我们应以构建开放型经济为目标来对产业结构进行战略性重组，在深化对外开放的过程中加速产业结构调整的步伐。[①] 有的学者还提出，提高贸易开放度会导致国际贸易产品的专业化，进而可以推进国内专业化生产。自党的十七大提出"开放型经济体系"的概念以来，我们党发展了关于对外开放的思想理论。从一定意义上而言，"开放型经济体系"是中国特色社会主义对外开放理论与实践的整合。杨旭涛（2008）提出，欠发达地区的开发与建设，不能照搬发达地区的策略，欠发达地区的开放型经济体系建设要结合欠发达地区的实际情况，探索加快发展的新机制。[②] 刘勇（2009）研究认为，转变贸易增长方式，不断提升中国制造的国际竞争力，探索国际经济合作新机制，有利于实现开放型经济体系建设。丁明磊和刘秉镰（2010）在《开放型经济与区域经济一体化创新系统研究》一文中提出，开放型经济是由外向型经济深化而来，发展开放型经济是一种经济持续发展的迫切要求，与此同时，对区域创新系统规划与建设也提出了新的要求。[③] 蔡爱军和朱传耿（2011）等人在《我国开放型经济研究进展及展望》一文中提出，在我国继续扩大开放的大背景下，开放型经济发展必将成为我国经

---

① 陈飞翔. 对外开放与产业结构调整 [J]. 财贸经济，2001 (6)：16-24.

② 杨旭涛. 建立开放型经济体系，加快欠发达地区的开发和建设 [J]. 商场现代化，2008 (25)：295.

③ 丁明磊，刘秉镰. 开放型经济与区域经济一体化创新系统研究 [J]. 科技与经济，2010 (2)：9-12.

济发展的重点，要加强区域间的联动，在全球化背景下研究新的开放型经济发展的模式与方法。① 李恒（2011）研究认为，内陆省份的开放发展既要考虑产品自由流动的国际环境，又要考虑要素自由流动的国内环境，内陆省份的开放模式应该强调生产要素流入型的资源要素整合模式，发挥内陆省份的比较优势，促进区域协调发展。② 沙莎（2017）提出，要加快建设服务效能高的改革开放新高地，需要打造"一带一路"核心区、打造高水平自贸试验区，等等。③ 曾艳（2018）认为，要积极构建开放型经济新体制下的中国FDI 管理体制，并努力参与国际投资新规划的制定。综合以上论述，可以看出，开放型经济建设有利于促进产业结构调整，促进创新机制的产生，企业在开放型经济建设背景下，需要积极通过要素流动，整合优势资源，促进外向发展，不断提升企业的竞争力。

开放型经济建设的发展提升了战略性新兴产业对全世界要素资源的优化配置能力，中国战略性新兴产业的一些典型企业已经积极拓展国际市场空间，促进国际交流与发展。对于战略性新兴产业的对外贸易发展而言，产业竞争优势的形成因素与来源途径是十分重要的内容，它是战略性新兴产业在国际市场上立于不败之地的重要保证因素之一。战略性新兴产业发展也符合产业发展的一般规律，为了合理设计提升战略性新兴产业外向发展策略，根据产业成长理论与竞争优势理论等有关研究，需要对中国企业外向发展的理论与实践经验进行归纳分析。从国内外专家对企业发展所需要的优势条件来分析，目前主要研究成果集中于企业内部和外部两个方面，尚未以战略性新兴产业为主要研究对象与其他产业相对比，尚未研究战略性新兴产业在企业成长中所需要的优势条件的主要来源途径特点。

企业内部资源对企业获利和维持竞争优势具有重要意义，对企业创造市场优势具有决定性的作用（沃纳菲尔特，1984）。普拉哈拉德和哈默（Pra-

---

① 蔡爱军，朱传耿，仇方道. 我国开放型经济研究进展与展望［J］. 地域研究与开发，2011（2）：8 – 13.
② 李恒. 开放型经济发展的动力机制与模式选择——以内陆省份为例［J］. 华中科技大学学报（社会科学版），2011（3）：86 – 92.
③ 沙莎. 构筑开放型经济"新高地"［J］. 西部大开发，2017（9）：94 – 96.

halad and Hamel, 1990) 认为, 核心竞争力是一组技能和技术的集合体, 而不是某一单个技术和技能, 是企业竞争优势的源泉。① 张吉国等人(2007) 在《从比较优势走向竞争优势: 中国对外贸易战略转变的依据和路径》一文中认为, 中国要在比较优势基础上提升产业的竞争力, 将比较优势转变为竞争优势。② 叶金福等(2009) 认为组织学习对企业持续成长具有重要作用, 为指导企业实现可持续发展提供了有力的理论支撑。陈燕(2010) 在《浅议中国对外贸易的可持续发展》一文中认为, 对外贸易的可持续发展问题将日益受到各国重视, 中国应制定外贸的可持续发展战略, 优化经济结构, 广泛开展国际合作, 实现对外贸易的平稳发展。③ 李成钢(2008) 在《中国加工贸易的发展和竞争优势的提升》中提出, 中国加工贸易在对外贸易的规模和结构方面, 直接影响到中国外贸的发展水平和竞争优势的提升, 因此, 应该通过提升中国加工贸易的竞争优势来进一步提高中国外贸的竞争优势。④ 李正锋等(2011) 认为, 资源基础理论为研究企业如何获得可持续竞争优势提供了理论基础, 核心竞争力对竞争优势起决定作用, 关键资源和能力是企业培育、维持和转换核心竞争力的基础。《中国对外贸易》白皮书(2011) 指出, 中国对外贸易存在不均衡、不协调和不可持续的问题, 外贸发展与资源、能源、供给和环境承载力的矛盾日益突出。⑤ 综上所述, 对于企业在外向发展中竞争优势的研究, 近年来, 我国的学者主要是以竞争优势的来源条件为研究切入点。这些研究为战略性新兴产业外向发展竞争优势的研究奠定了基础, 为研究战略性新兴产业外向发展防止低端化和趋同化等问题作出了警示。

对于中国战略性新兴产业外向发展策略研究, 除了要对产业的竞争力来

---

① 许可, 徐二明. 企业资源学派与能力学派的回顾与比较 [J]. 经济管理, 2002 (2): 10 - 17.

② 张吉国, 周娟, 田野青. 从比较优势走向竞争优势: 中国对外贸易战略转变的依据和路径 [J]. 商业研究, 2007, 7: 175 - 179.

③ 陈燕. 浅议中国对外贸易的可持续发展 [J]. 北方经贸, 2010 (1): 15 - 17.

④ 李成钢. 中国加工贸易的发展和竞争优势的提升 [J]. 国际经贸探索, 2008 (9): 14 - 16.

⑤ 《中国的对外贸易》白皮书(全文) [EB/OL]. 中华人民共和国国务院新闻办公室网站, http://www.scio.gov.cn/ztk/dtzt/66/2/Document/1061092/1061092_1.htm. [2011 - 12 - 07].

源渠道进行研究，还需要结合全球经济发展的国际背景进行分析。当前，国内外学者主要从经济失衡的主要表现与影响等方面进行理论与实证的论述。对于中国而言，以美国为首的主要贸易伙伴都处于困难的经济调整阶段，国外贸易保护主义波动的问题始终不可忽视，由于中国战略性新兴产业的产品消费市场主要在国外，即产品的绝大部分需求主要来自国外，这使中国战略性新兴产业产品的出口、产业链的建设与发展极易受到国外经济景气变动与政策的影响，例如，作为中国新能源的优势产业——光伏产业，多次受到了欧美国家贸易保护措施的影响。拉托（Rato，2005）认为，在如今国际形势背景下，全球经济失衡的出现不应指责某个国家或地区，失衡各方需要一起采取一致性的应对策略才是最重要的。

伯南克（Bernanke，2007）研究认为，全球失衡是个明显的市场现象，当前美国的债务规模相对于自身经济规模而言，尚可承受。有学者认为，在欧美经济复苏乏力和外需萎缩的背景下，中国经济增长将受到外贸的拖累。孟耀和张弥（2008）在《外部经济失衡与中国经济发展的策略选择》一文中指出，全球经济失衡导致中国与美国等西方发达国家贸易摩擦增多，西方国家通过加强贸易保护来限制中国产品的进口，这导致中国经济发展的外部环境恶化，中国需要从对外经济战略、满足国内市场需求和提高竞争优势等方面进行调整。[1] 申蕾（2013）研究认为，要素流动与全球经济失衡之间存在相关关系。[2] 顾国达（2013）等人提出，本轮全球经济失衡与经济增长相伴相生，各经济体应该既要加速内部结构改革，又要共同推进全球治理结构的变革。[3] 综合上述观点，可以看出，全球经济失衡问题，在短期内很难解决。对于解决全球经济失衡问题，需要各国共同的努力与合作，因此，中国的主要贸易伙伴国如果出于短期的利己考虑就可能作出影响中国产业外向发展的政策。

对于战略性新兴产业的发展，世界各国均将战略性新兴产业作为未来经

---

[1]　孟耀，张弥. 外部经济失衡与中国经济发展的策略选择 [J]. 财经问题研究，2008 (9)：123 - 126.

[2]　申蕾. 要素流动与全球经济失衡 [J]. 世界经济研究，2013 (6)：24 - 28.

[3]　顾国达，郭爱美，牟群月. 论本轮全球经济失衡的可持续性——基于耦合机制视角的分析 [J]. 探索，2013 (2)：76 - 81.

济发展的新增长点，在法律和政策等诸多方面给予支持。世界各国都把战略性新兴产业作为经济发展的重要引擎，国内外专家分别从战略性新兴产业的选择、培育和政策经验等方面展开了系列研究。国外有的学者指出，新兴产业可以在现有产业内孵化完成蜕变。还有的学者认为，促进比较创新产业向新兴产业转型，需要考虑当地的制度，而不是完全照搬中央计划。柯岗（2011）认为，我们需要抓住国际产业调整转移和生产要素优化重组的时机，借鉴美国、欧盟、日本等国家和地区发展战略性新兴产业的经验，发展战略性新兴产业、掌握科技竞争新优势。孟祺（2011）提出，政府应该在出口和研发补贴、关税和进口保护、国际贸易规则的制定方面，在不违反 WTO 有关规定的背景下，对新兴产业的发展给予一系列的支持。[①] 蒋钦云（2012）将中国战略性新兴产业规划与美国重振制造业框架进行比较，他提出，中国战略性新兴产业发展可以寻找与美国、日本等发达国家，甚至发展中国家的技术合作点，寻找机遇培育企业自主创新能力。[②] 2012 年 5 月，《"十二五"国家战略性新兴产业发展规划》被国务院常务会议讨论通过，会上强调，推动战略性新兴产业健康发展，要充分发挥市场配置资源的基础性作用，注重优化政策环境，激发市场主体积极性。[③] 姜达洋和李宁（2013）在总结美国新兴产业发展经验后指出，中国要适时调整战略性新兴产业的范畴，选择差异性的对外开放，减少或避免中国新兴产业低端化现象产生。王佳存（2014）以美国 A123 系统公司破产为例分析美国新兴产业政策失灵的原因，他提出，在新兴产业发展过程中，最关键的是产品的技术含量，而对资金、人力资源起基础配置作用的是市场，若忽视产品技术完善，背离市场规律，即使政府支持力度很大，也会出现政策失灵。[④] 曲永军和毕新华（2014）研

---

① 孟祺. 战略性贸易政策视角下的新兴产业发展路径选择 [J]. 经济体制改革, 2011 (3)：91 - 94.

② 蒋钦云. 我国战略性新兴产业规划与美国重振制造业框架比较研究 [J]. 国际经济合作, 2012 (1)：53 - 58.

③ 国务院关于印发 "十二五" 国家战略性新兴产业发展规划的通知 [EB/OL]. 国家能源局网站, http：//www. nea. gov. cn/2012 - 07/25/c_131736831. htm. [2012 - 07 - 25].

④ 王佳存. 从 A123 破产看美国支持新兴产业政策的失灵 [J]. 全球科技经济瞭望, 2014 (2)：7 - 8.

究认为，后发地区的可持续发展需要促进战略性新兴产业快速成长，而实现这一目标，需要综合考虑政府、企业和市场等因素的作用，制定有关的政策与措施。[①] 谷鑫和郑绍钰（2017）提出，战略性新兴产业的有关主体若有效开展创新活动，会产生涌现现象。[②]

总之，加快培育发展战略性新兴产业不仅是中国经济发展方式转变的必然要求，还是诸多国家努力的方向。中国战略性新兴产业在发展中必然要权衡自主创新与引进创新的成本，对于产业链的位置与产品技术含量进行选择，在利益追逐下，中国战略性新兴产业短期发展与长期的可持续性路径设计直接影响到产业的发展速度与质量，因此，兼顾主要贸易国的政策变动与国内支持政策完善两方面，总结国外新兴产业发展的经验，研究中国战略性新兴产业外向发展可能遇到的风险、成长的优势条件和外向发展路径是具有重要的理论和现实意义的。从地区产业发展基础和后发优势两方面，研究地方战略性新兴产业创新中存在的共性问题与差异性困难，立足产业主导力、产业竞争力和产业发展力三个维度研究增强地方战略性新兴产业创新优势的条件与差异化发展方案，为促进战略性新兴产业积极自主创新提供有效的建议，这有利于更好地助推战略性新兴产业先导和辐射作用的发挥。

1.2

研 究 意 义

长期以来，中国企业的对外贸易发展主要依靠廉价的劳动力和丰富的资源作为比较优势，但这种优势，在经济全球化、环境保护日益受到关注的发展形势下已经受到挑战，我国劳动力成本价格在不断上升，资源有限性和环境成本的压力使中国原有的自然资源和劳动力成本较低的比较优势已日趋不

---

① 曲永军，毕新化. 后发地区战略性新兴产业成长动力研究 [J]. 社会科学战线，2014 (5)：245-247.

② 谷鑫，郑绍钰. 战略性新兴产业创新集群的涌现性分析 [J]. 企业改革与管理，2017 (18)：3.

明显。但是，中国战略性新兴产业的兴起与发展，为中国产业生态化发展、对外贸易结构进行优化调整增添了新动力。开放型经济建设为中国战略性新兴产业的外向发展提供了更好的机遇与条件，在战略性新兴产业外向发展中我们需要重新审视我国企业竞争优势的来源与动态变化，努力实现经济效益和生态效益双赢，通过战略性新兴产业的发展，有效带动相关产业外向发展模式的改革与优化调整。当前，我国经济发展进入新常态，将面临更多的机遇与挑战，也对对外开放水平的提升提出了新要求。以战略性新兴产业外向发展推进开放型经济体系建设，可以加强和完善战略性新兴产业链的建设，加深中国与国际合作的程度，更好地协调内外关系，更有效利用内外资源，推动"优进优出"的开放型经济新格局。本书的最终目标是通过研究加快战略性新兴产业外向发展的策略，提升开放型经济体系下企业应对风险的能力，加强我国经济开放型体系建设，更好地提高对外开放水平，这对于实现国内市场与国际市场的资源联动，促进中国转变经济发展方式有重要意义。

（1）战略意义。本书将在全球经济失衡和各国新兴产业竞相发展等主要国际背景下，总结和借鉴发达国家新兴产业的成长经验与成功措施，将中国战略性新兴产业发展中面临的国内外主要风险进行主次因素分析，立足强化战略性新兴产业的竞争优势，综合技术研发与转化中的问题与困难、产业成长条件等主要影响战略性新兴产业发展速度与质量的方面，主要依据企业成长有关理论，探讨中国战略性新兴产业在成长过程中的外向发展策略。从战略意义上看，本书不拘于战略性新兴产业的本土发展路径研究，而是立足全球化和产业链国际化延伸的视角研究增强中国战略新兴产业原始性创新、新的动态优势形成等问题，从产业可持续发展角度，以加快企业核心技术研发与提升战略性新兴产业国际竞争地位为目标，研究设计科学合理的、尽可能最优化的支持政策与产业发展建议，这对于保证中国战略性新兴产业的平稳发展和提升产业国际竞争力具有重要意义。

（2）理论意义。本书在全球经济失衡背景下，从贸易政策、预警体系、产业链拓宽等方面综合研究战略性新兴产业的发展路径与策略，兼顾发达国家新兴产业发展路径的对比，将国际贸易与产业经济学等理论研究视角进行科学有效的结合，这有利于丰富战略性新产业研究的有关理论。随着科技的飞快发展，战略性新兴产业对中国经济发展的带动作用越来越显著，为促进中国战略性新兴产业全产业链的建设与发展，中国战略性新兴产业的发展路径选择与优化必须要考虑国际经济形势的变动与中国的实际国情。本书以战略性新兴产业为主要研究对象，研究产业成长与外向发展，突破了以往多以成熟产业为研究对象的不足，改变过去多注重对外开放中外资、技术要"引进来"的思想，本书以产业外向发展为基本着眼点设计战略性新兴产业强化自身技术创新、主动"走出去"的开放思路，为研究开放经济型体系建设提供新的研究视角与研究思路。以全球经济失衡下压力最大的顺差方——中国为对象，研究中国战略性新兴产业外向发展的策略，对可预测的主要风险进行归纳，探讨战略性新兴产业贸易预警体系建立与完善等问题，从战略性新兴产业的自主创新与引进创新权衡角度，研究不断完善的国内支持政策与措施，这是对产业贸易政策与理论研究的进一步拓展。

（3）现实意义。世界多极化、经济全球化深入发展，国际经济环境复杂多变，全球经济发展不平衡仍处于深度结构调整之中，这些都直接或间接影响了中国战略性新兴产业发展的速度，而且，对外贸易对中国战略性新兴产业发展与促进起着举足轻重的影响作用。加快产业的外向发展进程，对于深化产业结构改革，提升中国开放型经济发展质量具有重要的现实意义。中国开放型经济体系的建设需要重要的产业结构支撑，同时，开放型经济体系的建设为产业结构升级、提高对外贸易质量、提升国际化经营水平提供了良好的发展平台；反过来，产业链的建设与国际化发展，产业结构的深化改革，可以进一步拓展对外开放的广度与深度，扩大经济社会各领域的对外开放，因此，以战略性新兴产业外向发展为关键点，研究推进中国开放型经济体系建设的策略具有重要的现实意义。

1.3

研究目标与主要内容

对于开放型经济建设背景下战略性新兴产业外向发展的研究，主要从经济学视角出发，综合运用产业经济学、国际贸易学和国际金融学等理论，分析战略性新兴产业发展的背景、条件与成长过程等内容，分析我国战略性新兴产业的支持政策设计与效果，战略性新兴产业发展中存在的问题及发达国家战略性新兴产业发展的经验，从制度创新、技术创新和管理创新等方面分析战略性新兴产业竞争优势的来源，提出促进战略性新兴产业外向发展的对策与建议。

1.3.1　研究目标

（1）从提升战略性新兴产业全产业链竞争力的角度，将外贸对中国战略性新兴产业发展的促进作用进行定性与定量分析。贸易失衡、中国持续大量的贸易顺差给战略性新兴产业的发展带来压力，本书要立足产业链不断拓展与国际化的视角，兼顾研发、制造和营销等主要环节，选择典型战略性新兴产业进行案例分析，从共性与异性两大方面探讨中国战略性新兴产业在对外发展中共同面临风险与不同产业发展中遇到的差异化困难。

（2）主要分析中国战略性新兴产业国际化发展的支持政策效果与存在问题。在全球经济失衡背景下，中国战略性新兴产业发展既要考虑与主要贸易伙伴国的合作关系与政策协调等方面，又要深入探讨完善促进中国产业自主创新的有关政策，本书要对政府主导作用与战略性新兴产业的成长进行相关性分析，对政策效应和政策在不同产业中的差异性效果及原因进行分析，并前瞻性地考虑战略性新兴产业预警体系的构建等问题。

（3）从实现生态效益与经济效益双赢的角度，综合考虑国内外政策形势变动，研究战略性新兴产业发展的策略。从区域产业基础、产业后续可持续性等方面分析不同地区战略性新兴产业发展的差异性，提出降低或避免不同地区产业趋同化、低端化、恶性竞争等现象的有效措施，研究设计中国战略性新兴产业的发展策略。

1.3.2　主要研究内容

第一部分包括第 1、2、3 章，主要综合以往企业成长与对外经济开放的研究成果，综述国内外研究现状、本书主要内容、简要概括研究过程中所依据和运用的主要理论，对开放型经济体系建设与产业外向发展的耦合关系进行分析，探讨当前中国开放型经济体系建设下战略性新兴产业发展的机遇，等等。战略性新兴产业的成长有其特殊性，但它也具备一般产业发展的规律性。本部分主要按照企业成长理论的演进，从"企业成长理论的萌芽—新古典经济学的企业成长理论—现代企业成长理论"将本书所依据理论的主要观点进行归纳与总结，梳理出研究战略性新兴产业成长的主要线索；深入归纳和分析了开放型经济体系建设对产业外向发展的积极推动作用，产业外向发展对开放型经济体系建设的助推作用，研究结论认为，开放型经济体系建设可以促进产业在全球范围内优化资源配置和产业结构优化，而产业外向发展则会督促经济开放水平不断提高，"一带一路"倡议为中国战略性新兴产业外向发展带来了更大的发展机遇。

第二部分即第4、5章，研究中国战略性新兴产业的领域选择与政策取向与效果。以兼顾生态效益与经济效益为重心，对战略性新兴产业的区域选择、区域发展定位、区域前期基础、产业后续发展条件等方面进行区域比较与地方政策对比，为后续研究战略性新兴产业的集群效应与创新路径作铺垫。一方面，从有效吸引、集聚、整合区域创新资源，加强战略性新兴产业创新驱动力的角度，对中国战略性新兴产业高端化、国际化发展中存在的不足及原因进行分析；另一方面，对战略性新兴产业进行产业细分与行业比较，立足战略性新兴产业范畴的合理设定、区域政策差异与有效性等方面，对战略性新兴产业的发展速度与质量差异进行定性分析与客观评价。

第三部分即第6章，国际经济形势变动下的中国战略性新兴产业成长与外向发展测度。首先，从产业成长角度客观评估现有政策对战略性新兴产业的支持效果，从产业成长阶段、发展规模与就业效应等方面对中国战略性新兴产业发展进行实证分析，构建数据包络分析模型（DEA）对战略性新兴产业发展效率进行评价。其次，选择典型新兴产业成长运用资产利润率、利润总额等指标进行个案分析。再次，研究国际经济形势变动对中国战略性新兴产业发展的影响。最后，运用竞争优势指数（TC指数）等指标对战略性新兴产业外向发展程度与特点进行分析。

第四部分即第 7 章，发达国家战略性新兴产业发展路径比较与经验借鉴。根据一些国家战略性新兴产业的范畴与发展的定位，对美国、欧盟和日本等典型发达国家和地区的战略性新兴产业的扶持政策与战略性新兴产业的发展路径进行比较研究。从弥补市场失灵发挥政府职能的视角，总结发达国家成功经验，为研究我国战略性新兴产业支持政策的差异性与需要优化之处作铺垫。

第五部分即第 8 章，开放型经济体系下中国战略性新兴产业外向发展策略。综合前面的分析，根据企业成长理论有关观点，立足中国战略性新兴产业成长的规律性特点，从优化企业内部资源提升竞争优势、促进规模经济形成、加强管理与技术等主要方面，提出中国战略性新兴产业外向发展的优化策略。主要内容包括：提升经济开放水平，有序推进战略性新兴产业发展；加强区域合作，多模式促进产业外向发展；加强人才的智力支撑作用；强化战略性新兴产业竞争优势；构建贸易预警体系，等等。

第六部分即第 9 章，对开放型经济体系建设下中国战略性新兴产业外向发展研究的各章节结论进行梳理与汇总，将前后内容进行关联整合，更深一步简要概括本书的主要研究结论与学术价值。

1.3.3　主要观点

第一，战略性新兴产业外向发展战略制定必须充分考虑国际环境与政策的变化。较高的产业外向度也意味着产业面临的国际市场变化带来的风险也大，国家需要积极给予企业正确的引导，解决市场失灵可能给企业发展带来的风险与损失。研究国际环境变化，趋利避害，从理论与实际进行分析，研究战略性新兴产业外向发展的战略，推进中国开放型经济体系建设，具有重要的理论意义与现实意义。

第二，战略性新兴产业外向发展策略与规律性研究需要与中国经济开放建设的时代背景相结合。产业外向程度可以反映一个地区目标产业开放规模和发展水平。提升战略性新兴产业开放度，有利于提高战略性新兴产业参与国际交流的能力与影响力，战略性新兴产业外向发展是中国开放经济发展的重要推动力量。

第三，加快战略性新兴产业外向发展是推进经济开放的重要助推器。提高战略性新兴产业外向度，可以克服国内市场狭小的缺点，扩大需求，刺激生产，推动产业的快速发展与提升中国经济的开放度。战略性新兴产业的发展，应努力提高技术、不断开发新产品，同时要积极应对贸易壁垒带来的不利影响，从而保证我国战略性新兴产业得到可持续的、长远而健康的发展。

第四，针对中国战略性新兴产业外向发展量性增长较快、质性发展不足的现状，战略性新兴产业外向发展需要从提高商品技术含量和加强创新、促进企业快速成长的角度展开研究，才能找到解决这个问题的根本方法。

1.4
基本思路和方法

本书在开放型经济体系建设的背景下，以中国战略性新兴产业外向发展为研究中心，设计"主要理论依据—开放型经济体系建设与产业外向发展耦合关系—开放型经济体系下中国战略性新兴产业发展绩效—中国战略性新兴产业成长与外向发展测评—国外经验借鉴—外向发展策略"的研究思路。

由于中国战略性新兴产业起步较晚，本书主要结合企业成长理论与中国实际国情，从政治、经济和制度等多角度研究中国战略性新兴产业的外向发展策略；以经济学研究为主线，从对外与对内产业扶持政策的角度，立足与世界主要贸易伙伴国加强经济政策协调，加强区域合作和战略性新兴产业国际链建设等方面，深度剖析中国战略性新兴产业创新发展的路径，努力寻求激发战略性新兴产业创新发展的主要驱动要素，丰富这一领域研究的理论成果，探讨持续增强中国战略性新兴产业核心竞争力的主要策略（技术路线如图 1.1 所示）。

主要研究方法有以下三种。

（1）在"战略性新兴产业创新发展国际比较研究"中，主要运用比较分析法与归纳分析法，对国内外战略性新兴产业发展进行比较与经验总结，

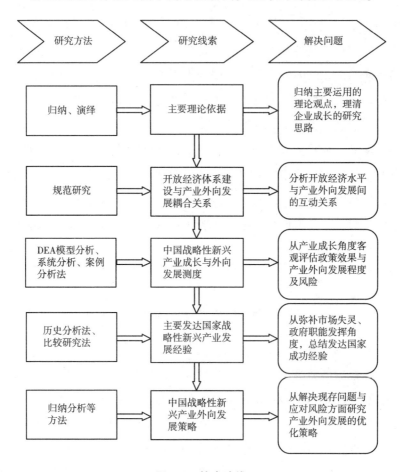

图 1.1　技术路线

对产业自主创新与引进创新进行成本比较。

（2）在"战略性新兴产业创新发展的有效制度供给"研究中，主要运用相关性分析、因果分析法、时间序列分析、季节分解模型，对政府政策与产业成长之间的关系、政策效果等综合利用 TC 指数、经济贡献率等指标进行客观的分析与评价，构建 DEA 模型对战略性新兴产业发展效率进行实证研究。

（3）多学科交叉研究。在产业外向发展推进开放型经济体系建设的研究过程中，综合运用经济学、产业经济学和统计学等多门学科的研究方法，例如，结构—行为—绩效（SCP）范式分析方法，将战略性新兴产业与传统产业进行比较，利用市场占有率等指标对产业的外向度进行综合评价。

总而言之，本书会综合运用调查研究法、文献研究法、比较研究法，从理论分析到实践分析，全方位、多层次、多视角地进行综合研究，力求全面、客观、辩证地研究问题，丰富理论与实证研究成果。

1.5
重点与难点及创新

1.5.1 重点与难点

其一，在应对国际经济形势变动与外来风险方面，在全球经济失衡、各国竞相发展战略性新兴产业争夺经济制高点的背景下，中国如何通过与世界主要贸易伙伴进行经济政策协调，促进国际经济合作，才能更好地实现发挥中国战略性新兴产业的比较优势，降低贸易失衡等问题带来的不良影响。其二，在支持中国战略性新兴产业的外向发展与产业链国际化过程中，各种政策怎样进行有机结合才可以实现效果最优化。政策的优化组合，既要考虑不同产业政策的差异化，又要考虑同一产业不同产业链优惠政策的区别，在弥补市场失灵发挥政府职能作用时，怎样科学合理地把握好"度"的问题，既不违背市场规律，政府职能又不越位，更好保证战略性新兴产业有序发展。其三，中国战略性新兴产业在自主创新与引进创新的成本压力抉择中，借助政策支持，怎样进行产品定位、消费目标市场选择、产业链的拓展等对加速企业成长更为有利；从制度与分工形态等角度，如何使所设计的中国战略性新兴产业外向发展策略更为有效，使企业在国际市场竞争中更好地抵御风险，持续增强竞争优势。

1.5.2 可能的创新与不足

战略性新兴产业的成长有其自身的发展规律，同样也符合企业成长的一般规律：企业的成长要依靠内部和外部的优势条件，而且企业家会起到至关重要的作用，企业成长过程中也要经历优胜劣汰的竞争。但是，中国战略性新兴产业的发展也具有自身的特点与优势，中国自身具有巨大的国内市场与"支持政策"驱动，这成为战略性新兴产业加快起飞的重要助推器。

中国战略性新兴产业在自主创新与引进创新的成本压力抉择中，借助政策支持，怎样进行产品定位、消费目标市场选择、产业链的拓展等对加速企业成长更为有利；从制度与分工形态等角度，中国战略性新兴产业外向发展的政策怎样设计才能更为有效，才能使企业在国际市场竞争中更好地抵御风险，持续增强竞争优势。针对这些重点与难点，本书将企业成长理论与中国战略性新兴产业的发展相结合进行研究，分析中国战略性新兴产业快速崛起的动力因素，按主次因素进行理论与实证分析，用实证数据检验理论在实际应用方面的偏差，研究结论印证了在战略性新兴产业的产品或服务在高端化、高技术等方面的发展，仍主要处于"政策驱动型"，而非"市场拉动"的客观状态，产业集聚效应检验、对外贸易优势水平等方面的理论与实证研究成果在一定程度上丰富了对战略性新兴产业成长研究的学术理论内容。

本书主要针对当前不同地区战略性新兴产业发展中出现的趋同化、低端化问题，从战略性产业发展的实际情况出发，对战略性新兴产业的成长阶段进行评定，研究战略性新兴产业的创新机制；从产业链条有序衔接、拓展与延伸，产业竞争优势形成等角度，研究不同战略性新兴产业创新发展的差异化路径。从研究思路上看，存在一定的创新性。

以下是本书存在的不足。由于中国"战略性新兴产业"正式提出的时间较短，涉及的产业领域也发生了变化，在获取有关数据方面存在困难，研究资料有限，研究的时间也有限，在进行计量与实证分析中，所得结论可能不够全面，但对于此问题，笔者会继续更加深入地展开研究。

第2章

企业成长理论研究综述

战略性新兴产业的成长有其自身的发展规律，同样也符合企业成长的一般规律，企业成长理论既是经济学，又是管理学所研究的重要内容，国外学者在研究企业成长方面立足不同角度分析企业成长背后的动力与规律，已经形成了不同的研究学派。本篇仅列举后文中所应用理论的主要观点，对有关理论进行简要陈述。

2.1

企业成长理论的萌芽

自古典经济学开始，对企业成长就有了相关的论述，追述其对企业成长的解释主要立足于企业追求规模经济利益方面。古典经济学家认为，正是由于企业的分工与追逐规模经济，而后产生的利益才成为企业不断成长的主要动力。企业在生产分工状态下，劳动生产效率得到了更有效的提高，生产规模也得以日益扩大，从而更进一步促进了分工与协作的深化，正是这样循环往复的发展，企业最终实现了规模经济，企业不断成长。[①]

亚当·斯密（Adam Smith，1776）在《国民财富性质与原因的研究》

---

① 程丽霞，孟繁颖. 企业成长理论的渊源与发展 [J]. 江汉论坛，2006（2）：53-56.

中，对企业成长有关问题进行了客观的分析，他提出专业化生产与劳动分工所带来的边际报酬递增为企业的发展与扩张提供了必要的基础条件。他选择制针企业作为案例，明确提出分工提高生产效率是企业存在的主要原因，每个企业在不断提升自身生产能力的过程中，逐渐降低了企业的成本，一个企业的成长与分工程度存在正相关关系。亚当·斯密客观指出了提高劳动生产率可以带来更多的经济效应及其原因。亚当·斯密的理论为研究企业成长问题奠定了思想基础，但是，亚当·斯密没有把企业的一般分工与特殊分工加以区分，不能有效地阐释企业成长与环境之间的关系。

在古典经济学中，马歇尔（Marshall）相对而言是对企业成长论述较为全面的，他在《经济学原理》中引入外部经济的概念，对企业成长的因素进行了细分，分析了各因素之间的关系。他认为，企业发展扩大主要受外部经济和内部经济所影响，外部经济是指企业所处的工业经济发展状况等外部环境，即工业一般发达的经济；内部经济是指企业的资源、组织与经营效率的经济。外部经济为企业成长创造了足够的市场空间，加上内部经济——内部有效地管理，这两者会帮助企业实现超出行业平均水平的效益。[1] 而企业是否具有强大的销售能力决定了其是否能享受外部经济，外部经济和内部经济同时具备才会使企业不断成长壮大。他坚持了规模经济决定企业成长这个古典观点，在试图综合稳定的竞争均衡条件和基于规模经济利益的企业成长理论时，发现了两者的矛盾，他认为，企业不断地扩张与规模化会使企业的灵活性逐渐降低，导致企业竞争力下降，结果使企业成长的负面效应会大于正面效应，企业的增长能力会殆尽。不仅如此，他发现在企业不断成长过程中，企业家的精力和寿命都会影响企业成长，新企业和企业家的进入，会对原有企业的垄断地位构成挑战，从而会制约行业垄断结构的维持。马歇尔在研究企业成长问题时认为，企业的成长要依靠内部和外部条件共同推进；企业家在企业成长中起到关键的作用；企业成长过程中也要经历优胜劣汰的竞争。[2] 应该说马歇尔的研究拓宽了有关企业成长问题的研究视阈，为后来学者对企业成长的研究奠定了基石。

---

① 商晨阳. 企业成长理论研究综述 [J]. 经济论坛，2012（2）：166－169.
② 蔡永鸿，宋彦. 国外关于企业成长理论的重点综述 [J]. 辽宁工学院学报（社会科学版），2007（2）：26－29.

2.2

新古典经济学的企业成长理论

新古典经济学派主要是从技术角度对企业成长阶段展开研究，主要理论是企业规模调整理论。新古典经济学认为企业的成长过程是一个不断追求规模经济，努力实现最优规模水平的过程，企业可以充分认识到发展的外部条件，在成长过程中追求最优化的组织管理，企业被看成是一个生产函数，企业完全处于一个被动成长的过程之中。

新古典经济学的企业理论前提是厂商要追求利润最大化与消费者追求效用最大化。厂商内部雇员与管理者、资本所有者具有相同的目标，而且均完全理性；在雇员报酬与努力程度既定条件下（不存在偷懒等机会主义情况），厂商可以实现产业最大化，抑或产出既定状态下，厂商可以极小化成本，从而，厂商内部是有效率的。在追求利润与规模报酬的动力下，厂商选择继续扩张生产、降低成本与提升技术。新古典经济学把企业当成了为市场而存在的抽象实体，企业的发展会根据自身的生产函数、成本函数等情况作出有关决策，努力实现利润最大化，对最优规模水平利润的不断追求是企业成长的动力与原因。①

应该说新古典经济学派对企业成长的研究，是用最优决策理论来研究企业的行为，企业的发展一直处于一个不断追求最优规模的动态过程中，新古典经济学将企业内部的复杂安排抽象化，没有结构和制度，只存在投入与产出的技术关系。这种理论并没有真正解释企业成长的真正动力与过程。它只研究制度下的均衡状态，而不分析这种均衡是如何形成的，这是一种静态的均衡分析。不仅如此，新古典经济学派对企业成长的研究，分析范围比较局限，制度也主要是价格制度，新古典经济学派没有明确地解释经济增长与技

①　周明德，段建强等. 新古典经济学在解释中国企业成长中的问题［J］. 中国流通经济，2008（5）：48－50.

术变迁现象。[①] 新古典经济学对企业的成长完全是设定在所有条件已知的情况下，根据自身的生产函数、成本函数等情况作出被动的决策，但它也对后来企业成长理论的发展带来了重要的影响。现代企业成长理论的发展与新古典经济学派的思想也密切相关。

2.3
现代企业成长理论

企业成长理论主要关注的是企业的存续与成长问题，因此，企业成长的动力是企业成长理论所探讨与研究的重要内容。虽然企业成长理论的思想渊源可以追溯到亚当·斯密及其《国富论》，经济学家马歇尔也最早较为系统地研究了企业成长现象，但是，是美国经济学家彭罗斯（Penrose）首次提出了"企业成长理论"概念，她是现代企业成长理论的奠基人。除此之外，还有安索夫（Ansoff）的战略成长论、钱德勒（Chandler）的管理与技术成长理论，等等，现代学者从更多的角度深入研究了企业成长的主要动因与决定因素。

2.3.1　彭罗斯的企业资源成长理论

1959 年，彭罗斯在《企业成长理论》一书中，立足企业的内部动态活动研究企业行为，她构建了"企业资源—企业能力—企业成长"的分析框架，她认为，企业内因会决定企业的成长，企业能力影响企业成长的速度、方式与界限；企业是在特定管理框架之间的一组资源组合，企业成长是由于企业有效地协调其资源和管理职能的结果，企业关键的能力是管理能力，它是制约企业成长率的基本要素之一。彭罗斯认为，从企业作为一

---

① 陈琦，曹兴. 企业成长理论述评 [J]. 湘潭大学学报（哲学社会科学版），2008（3）：72 - 75.

个管理型组织来看，企业要从整体利益出发，来设计企业的决策，以协调企业内部各项活动；从企业作为一个生产性资源的结合体来看，企业决策者要明确何时以及怎样来使用资源。她强调，企业成长主要取决于怎样有更为有效地使用既有资源。[①] 她批评"规模经济论"从单纯的经济与依靠资源数量投入变化等纯生产的角度来分析企业成长过程，她主张企业的成长应该是在动态中发现与充分使用资源不断进行优化经营管理的过程，管理和充分利用资源是企业成长的主要动因，它在提高企业的管理能力方面起着重要的推动作用。

彭罗斯认为，企业成长背后的主要驱动力源自企业在不断使用所具有的资源来进行生产，而不是由市场的均衡力量来决定，每个企业的独特服务或生产优势均由使用资源而产生，充分利用资源才是企业成长的主要动力。她指出，由于资源有限且不可分割、资源间分布存在不平衡的特点、经营者理性能力的有限等这些原因存在，企业所具有资源会存在尚未被开发的现象，由此，企业就需要不断成长，开发并利用这些资源应用于生产和服务。在企业发展的过程中，随着原技术升级与新技术的引进，每个企业会根据自身的技术有机构成原则，对资源进行优化配置，那么在原有的资源使用方式基础上会衍生出新的利用方式，资源的优化使用促进了新服务的产生，企业得以扩大生产，进一步成长，……如此循环往复，企业无论从量还是质方面都实现了扩张，企业不断促进规模化发展。但需要注意的是，这种情况下要假定企业服务能力的提升是来自对资源的进一步充分使用，企业的经营管理能力也独具特色，不易被效仿。真正限制企业扩张的因素来自企业内部，彭罗斯把"服务"划分为"企业家服务"和"管理服务"两个方面。企业家服务是指企业主发现和利用生产机会的能力，这是企业持续发展壮大的必要条件，对企业的发展方面与动力影响最为关键。管理服务是在前者基础上来完善与设计相关的企业扩张方案。管理服务会影响企业的扩张速度等方面，管理团队的经验与能力直接制约企业业务的增长速度，在企业经营中，会不断积累新的经验与理论，而这些应用于企业会助推企业管理能力的提升，使企

[①]　程丽霞，孟繁颖. 企业成长理论的渊源与发展 [J]. 江汉论坛，2006（2）：53 – 56.

业在充分利用既定资源的基础上提高生产性服务的数量与质量。由此，彭罗斯提出，企业成长的主要推动因素包括产品创新和组织创新。多样化成长是彭罗斯理论体系的重要组成部分，企业多样化发展的程度与其拥有的资源量相关，成功率则与原有专长领域相关。这些论点已经成为现代管理学和经济学中的核心观点。①

2.3.2 安索夫的战略成长理论

伊戈尔·安索夫可以被认定为企业战略管理的鼻祖，1965 年，安索夫出版了《企业战略》一书，他论述了企业产品—市场战略决策过程，明确提出了自己的战略管理主张，并分析了企业发展的范围与方向（成长向量）等问题。安索夫认为，企业经营战略包含四个属性：（1）规划适当的产品—市场范围；（2）根据企业成长的范围和方向划分与选择战略的类型；（3）运用竞争能力的优势；（4）灵活运用协同效应。安索夫认为企业在成长中，要重视环境、战略和组织三方面的结合与互动，这样才能更有效地提高企业的效益。② 企业现有的技术状况与资源特点直接反映的是企业的竞争能力；企业的经营协作能力，直接体现出企业各经营项目之间的关联度与互动作用，这也是企业潜在的实力体现。这两方面综合起来影响或决定企业的发展方向与范围，形成企业的"成长向量"。

安索夫认为企业成长要向良性有优势的区域发展，努力获得相对竞争对手更有利的位置。他将产品（服务）和市场（顾客）作为二维参数，确定了四类具体的企业成长战略以及相应的子战略，如图 2.1 安索夫矩阵所示，以高校图书馆所面临的竞争者与竞争局势为例，这个模型的核心是通过企业和市场的分析确定有效的企业战略。A 类竞争者是直接竞争者，因为它提供的产品和用户与企业相同；B 类竞争者是平行的竞争者，所处的市场相同，但提供的服务有差异，当利用已有的客户群体建立起与本企业相同的服务

① ［英］伊迪丝·彭罗斯. 企业成长理论［M］. 上海：格致出版社，上海三联出版社，上海人民出版社，2010：7-8.
② 杨品文. 安索夫模型与动荡管理［J］. 管理与财富，2007（7）：30-31.

时，就会成为企业的直接竞争对手；C 类竞争者是潜在的竞争对手，它提借的产品或服务与本企业相同，所面向的消费客户不同，只有当市场壁垒消失时，它可以转化成直接的竞争者；D 类竞争者属于愿望竞争者，它提供的服务和所面向的消费客户与本企业均存在差异，在短期内它不易转化为直接竞争对手。这四类成长战略分别是：扩大现有经营项目和提升市场占有率、开发新服务（产品）、开发市场策略和多样化经营策略。

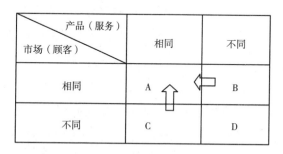

图 2.1　安索夫矩阵

安索夫的企业战略理论中蕴含了企业成长的思想，他更加注重企业战略规划的研究，认为战略的四属性要想到结束，要明确企业的成长方向与范围，要肩负领导企业的整体责任，他更加强调环境的作用。[①] 安索夫的向关联领域发展的战略成长论，可以认为是核心能力理论的原型，所以，直到 20 世纪 90 年代核心能力理论出现，安索夫的战略成长理论才开始倍受重视。

2.3.3　钱德勒的管理与技术成长理论

钱德勒教授是美国著名企业史学家，但他却在管理学方面作出了巨大的贡献，他的三部巨著《战略与结构：美国工业企业史上的篇章》《看得见的手：美国企业的管理革命》和《规模与范围》被学界誉为经典。他利用大量的历史数据来分析现代大型工商企业的发展壮大过程。从历史发展

① 刘婷，薛求知.企业成长理论与战略理论的耦合性分析［J］.生产力研究，2005（12）：14.

的角度看，钱德勒把现代工业企业出现和发展的原因归结为管理与技术的变化。

1977 年，在《看得见的手：美国企业的管理革命》一书中，通过利用大量原始资料，钱德勒论证了美国企业发展壮大的关键变化——等级制管理团队的出现、经营权与所有权的两权分离。促成这样变化的主要原因是企业不断追求降低成本与提高竞争力，当企业管理协调效率大于市场协调效率时，会引致企业管理层级制的产生。[①] 在他看来，支持现代工商企业发展的主要是"看得见的手"，即企业的管理和相应的组织结构形成的管理协调机制，企业的成长史同样是管理层级制的形成史，并且后者"一旦形成并有效地实现了它的协调功能后，层级制本身也就变成了持久性、权力和持续成长的源泉"。管理层级的形成与发展降低了因个人原因导致的企业经营中断的风险，为企业的持续稳定提供了保障；而且，作为职业经理人会围绕自己的职业生涯作出决策，对有损公司利益的短期行为进行自觉抑制，对企业长期稳定发展的决策进行积极地选择。钱德勒指出，管理协调的"看得见的手"比亚当·斯密提出的市场协调的"看不见的手"可以更有效地促进经济的发展和增加资本家的竞争能力，这也是从古典企业向现代企业转变、家庭式公司衰落和经理式公司兴起的最深刻原因。

钱德勒强调，现代工商企业的发展体现了企业管理方面对技术创新与市场扩张的反应，技术创新与市场扩张会使企业的生产与分配领域发生根本性变化，创造出相应的管理协调需求与机会，引致一系列经济组织形式上的变化，即传统企业和家庭企业的转型，这个过程被钱德勒称为"美国企业界的管理革命"。[②]

综合以上论述，企业成长的动力或原因可以归纳为企业不断追求规模经济、企业技术发展、企业管理层级的变化等诸多方面，从现代企业成长理论来看，具有一定影响力的理论还包括德鲁克的管理成长论。德鲁克（Druck-

---

① 孙耀君. "看不见的手"与"看得见的手"——评《看得见的手——美国企业的管理革命》[J]. 中国图书评论，1988（8）：22-25.

② [英] 伊迪丝·彭罗斯. 企业成长理论 [M]. 上海：格致出版社，上海三联出版社，上海人民出版社，2010：7-8.

er）认为，企业成长能力的关键在于本身有成长潜力的人为组织方面。在科特勒（Kotler）的市场发展战略论中，科特勒以销售量作为研究企业成长的突破口，提出了可选择的三种企业成长路径。总之，有关企业的成长研究既涉及管理学，又涉及经济学等领域，各理论都从不同角度对企业成长原因与过程进行了系统的论述，为企业制定战略、持续发展提供了理论依据。

第 3 章

开放型经济体系建设与产业
外向发展的耦合关系

对外开放的经济体系运行需要以特定的产业结构为支撑，反过来，对外开放会促进产业结构发生深刻变化，督促产业加快优化升级。高水平开放型经济体系的主要支撑包括产业体系、人才体系、贸易体系和创新体系等多个方面。我们需要以构建高水平开放型经济为目标来对产业结构进行战略性重组，促进产业升级、贸易便利化与技术创新，协助企业发展实现高增值；在深化对外开放的过程中要加速产业结构调整的步伐，提高贸易开放度，促进国内产品的专业化生产与技术升级。开放型经济体系建设与产业外向发展存在密切的联系，本章将对所研究范围从关键概念的含义方面予以确定。

3.1

开放型经济体系建设的内涵与产业外向发展范围界定

中国在总结对外开放多年实践经验的基础上，在 1993 年党的十四届三中全会上，首次提出了"发展开放型经济，与国际经济互补"。这是适应经济全球化趋势的需要，也是中国在参与国际合作中，实现互利共赢的需要，这意味着中国开放型经济建设水平的提高符合时代发展的必然要求。拓展对外开放广度和深度，提高开放型经济水平，是党的十七大提出的一项重要战略部署。党的十七大报告明确提出要"完善内外联动、互利共赢、安全高效的开放型经济体系，形成经济全球化条件下参与国际经济合作和竞争的新优势"。[①] 党的十八大报告中进一步明确了中国开放型经济的发展方向，就是要实现"互利共赢、多元平衡、安全高效"。[②]

3.1.1　开放型经济体系建设的内涵

与封闭型经济相对，开放型经济也是一种经济体制模式。它要求一个国家进一步深化与各国间的相互合作，促进国际分工水平提高，利用本国优势，加强商品、服务等要素在国际间比较自由地流动，促进资源的有效利用与优化配置。开放经济可以实现把一个国家的市场与整个国际市场相结合，使本国参与国际分工，享受分工利益，国家在国际市场上的优势主要是通过产业的优势所体现，产业的外向发展会促进一国经济的开放，对开放型经济建设有重要的推动作用。一直以来，国内外学者早就从对外开放、产业外向发展、产业对外贸易等诸多视角论证过开放型经济的重要作用。陈飞翔（2001）在《对外开放与产业结构调整》一文中提出，我们应以构建开放型经济为目标来对产业结构进行战略性重组，在深化对外开放的过程中加速产业结构调整的步伐。[③] 埃克哈德贾梅巴（Eckhard Jameba，2004）研究认为，提高贸易开放度会导致国际贸易产品的专业化，进而可以推进国内产业的专业化生产，促进一国经济的进一步发展。[④] 一国或地区的经济开放程度与水平可以从贸易开放和投资开放程度进行评价，它包括商品或服务的进出口情况、外商直接投资与企业对外投资程度等。一国经济开放水平越高，产业外向发展程度必然越高，从企业对外投资数额和进出口数量等一些指标中也可以看出来。

---

① 柯贤广. 大力发展高校党校教育提高高校政治思想教育水平的意义——学习领会胡锦涛总书记在党的十七大上的报告精神 [J]. 浙江万里学院学报，2008（1）：155 – 157.

② 尹立仑. 我国开放型经济体系地区性评价指标的构建与意义 [J]. 经济纵横，2013（8）：47 – 48.

③ 陈飞翔. 对外开放与产业结构调整 [J]. 财贸经济，2001（6）：16 – 21.

④ 项义军，潘俊，尹龙. 产业外向度综合评测指标体系构建研究 [J]. 商业研究，2009（11）：111 – 113.

3.1.2　产业外向发展的界定

产业外向发展，是指产业凭借自身的技术、管理和所有权等优势向外扩张，从广义上而言，既可以是跨省份的对外扩张形成规模优势，又可以是跨国的产业扩张，如对外出口、对外投资和对外设厂，等等。限于资料搜集的困难，本书在实证分析中主要研究的是产业实现产品跨国流动、实现对外扩张，即主要是产业的对外贸易发展状况，产业外向发展的优势形成与现存问题。除此之外，产业外向发展其他方面也有所涉猎。戈皮纳特（Gopinath）和乌帕迪耶（Upadhyay，2001）等人用一般均衡理论进行研究，研究认为，产业的对外贸易提高了具有较高人力资本和技术的产业专业化程度，产业也进一步得以快速发展。[①] 随着世界各国联系日趋紧密，建设开放型经济已成为各国经济发展的共识。开放型经济的建设为促进对外贸易质量提高，提升企业国际化经营水平提供了良好的发展平台；反过来，产业链的建设与国际化发展，可以督促产业结构的深化改革，又进一步推进开放型经济的建设。因此，推进开放型经济体系的建设，仍然必须要以推进产业的对外贸易发展为核心内容，才能实现更好地扩大经济社会各领域的对外开放。

总而言之，一个产业保持持续的竞争力，势必要向外扩展，在经济开放程度越高的环境下，产业实现外向发展速度和利用区域外资源的程度就可能会越高，本国产业与国外产业的互动会更深入，联系也会更加紧密，从而也会进一步加强经济开放的建设水平。

3.2
开放型经济体系建设促进产业外向发展的广度与深度

适应经济全球化的发展形势，我们需要用开放经济理念来引导和督促产

---

① 项义军，潘俊，尹龙. 产业外向度综合评测指标体系构建研究 [J]. 商业研究，2009（11）：111 –113.

业外向发展，促进产业积极实践国际化的发展战略，拓宽发展空间、提升创新能力，用全球发展的思想意识，主动地运用更广范围的生产要素，在国际产业链中寻求更大的经济利益。开放型经济的实施，有利于企业获得更多的国家政策支持，扩大企业的经营领域、形成更有效的产业内分工体系，产业发展将向更高一级的组织化、高效化发展模式演进。只有产业积极外向发展，才可能会有更多的企业跻身世界 500 强或 1000 强之列，在全球价值链中逐渐占据更重要的地位，提升国际话语权，成就更多的国际知名公司与世界名牌，从而促进中国开放型经济水平的进一步提高，让中国企业在经济全球化中获得更多的经济利益。

开放型经济体系的建设，有利于吸引全球的资源促进一国经济建设，可以通过对外贸易优化产业结构，扩大技术的外溢效应，加深国内的专业化生产；可以促进高级人才的引进，提升本国人力资本，加强国际化人才的培养等，最终扩大产业外向发展的广度与深度，提高产业的整体竞争力，更好地促进一国经济的可持续发展。

3.2.1　贸易开放有利于企业提高人力资本和促进技术外溢

20 世纪以来，贸易开放度、人力资本、技术进步与经济增长之间的关系成为经济学家研究的热点之一。新增长理论认为，提高贸易开放度会加快一国技术进步与要素生产率的提高，最终促进经济快速增长。经济开放的国家在吸引先进国家的技术与提高人力资本方面具有更强的能力。人力资本提高与技术专业化发展对经济增长起到非常重要的促进作用，而通过贸易开放，可以促进各国技术的进步，会进一步加强发展中国家技术创新，人力资本投资的激励效应会扩大，技术外溢效应会扩大，进而促进该国人力资本的快速提高和技术的发展；不仅如此，贸易开放会使人力资本和技术外溢效应增强，降低该国人力资本的投资成本，增强人力资本与技术要素的能动作用。开放型经济体系的建设，会促进劳动力的国际转移，同时，也会扩大贸易开放的广度与深度，会进一步强化人力资本与技术的重要性。人力资本和技术水平提高带来的经济效应外溢，既惠及投资国，又惠及东道国。总之，贸易开放度的提高,会进一步促进一国人力资本提高的速度与技术创新和外溢的强度。

3.2.2 对外开放对产业结构优化的能动作用

对外开放蕴含产业对外贸易发展、外商直接投资等诸多方面。随着我国对外开放的程度加大,我国出口商品的结构不断得到改善,通过积极吸引与利用外资、发展外贸,国民经济得到迅速的发展。对外开放的广度与深度,直接影响一国经济发展步伐的快慢,影响一国现代产业体系建设的速度。加快开放型经济体系建设,既可以吸引国外投资,又有利于引进国外竞争力强的企业,促进国际生产要素的优化配置,促进一国经济社会的快速发展,在增加税收、吸纳就业等方面都起着重要的作用。对外开放,会引起市场供求关系发生变化,人们的消费意识与水平发生改变,直接促进产业结构的优化与调整,使产业的发展满足日益发展的社会经济水平的要求,满足不断变化的供求关系。

3.2.3 贸易开放促进资源优化配置,促进产业精深加工发展

经济开放、贸易自由,可以更好地促进资源在国内外的流动,优化资源配置。对一国而言,既可以促进生产率的进一步提高,又可以更好地促进生产要素在物质生产部门之间的合理配置,从而更好地促进经济增长。通过开放型经济体系的建设,贸易开放度的加深,一国产业会通过依靠区位优势、人力资本优势和技术优势等不断提高产业的竞争实力,在国际分工与合作背景下,进一步实现专业化的生产,创造更多的物质财富,同时也提高品牌影响力。跨国贸易,为企业扩大了发展空间,提供了更为广阔的市场,只有通过国内专业化生产,提高生产率,提高竞争力,才能满足广大的国际市场需求,由此,贸易开放成为一国产业国际贸易产品专业化、生产专业化发展的重要驱动力。

3.3

产业外向发展是开放型经济体系建设的重要驱动器

在加强开放型经济体系建设的背景下，需要把企业"引进来"和"走出去"更好地结合起来，实现内外联动。产业外向发展的速度会借力于开放型经济体系建设步伐，反之，也会影响开放型经济体系的建设。

3.3.1　企业跨国经营提升产业竞争实力，督促经济开放建设

经济全球化是不以人的意志为转移的客观规律，它的发展，促进了企业进行跨国投资与经营，反过来，通过企业跨国投资与经营，扩大了经营者的视野，加强了对外界市场的了解与经验积累，也更好地学习和掌握了国外企业的管理经验，为尽快提高企业的竞争力奠定了坚实的基础。

一个企业的外向发展将会带动关联企业，直接有效地促进了运输、餐饮和住宿等服务业的发展，扩大就业效应，带动更多的劳动力就业。企业在外向发展中，可以形成企业间更加密切有效的高效分工与协作关系，更加有效地促进资金、人才和技术等生产要素或产业在更广泛的区域内自由流动，企业的发展战略和经营目标会发生质的变化，企业会加速形成自身特色优势，关联企业也会相应地作出企划策略，谋求更大的经济效益。在有序的企业联动发展过程中，产业价值链拓展了广度与深度，从而使跨地区的交流更加频繁，最终必然促进一国经济开放水平的进一步提升。

企业进行跨国经营活动，对生产要素可以自由流动的要求和水平会日益提高，对开放经济政策的需求也会日益加强，尽可能地希望本企业在国际市场中能够争取有利的地位与优势，因此，企业经营过程中必定会不断督促一国加快经济开放步伐，促进一国制定有利于其实施国际化发展的政策与措施。企业的跨国经营，积极开拓了国际市场，促进了生产要素的跨国配置，成为促进经济开放水平提高的重要驱动力。

3.3.2　产业快速外向发展促进经济开放水平提高

产业跨国的外向发展，一方面，产业面向国际市场提供产品，使产品在国际市场上实现价值增值，增加了国外消费者对本国产品的依赖度，加强了国与国之间的经济联系，加强了一国经济开放的广度；另一方面产业外向发展，既会促进本国相关产业快速地专业化发展，又会促进产业链条的国际化发展，进而扩大一国对外开放的深度。产业的外向发展，会充分利用国内外两个市场，优化资源配置，不断提升自身的竞争力，以开放促进自身国际竞争力的提高，促进一国开放质量的提升，也促进产业的优化升级，进一步提高一国经济开放的水平。

综上所述，随着全球经济的进一步开放、融合与发展，各国信息、资本、劳动力资源等要素的国际流动越来越频繁、越来越自由化，这为实现资源的全球优化配置，发挥有限资源的最大作用创造了条件。在安全高效的开放型经济体系下，我们需要积极促进产业外向发展，不断增强企业的自身优势与提升国际地位，更多地享受国际分工带来的利益。

3.4

开放型经济体系建设背景下战略性新兴产业外向发展的优势

产业的外向发展不仅要考虑宏观经济环境的影响，而且也会受到产业因素和自身因素的制约，在产业外向发展过程中，只有实现自主创新的企业，才会形成自身的动态比较优势，企业在向外扩张过程中才可以降低外在因素的冲击与影响。① 在当前国际经济形势低迷的背景下，中国企业的对外贸易由于诸多原因受到影响，中国代工企业表现得尤为突出，过去这些企业依靠

---

① 朱海涛，冯德连. 产业因素与中小企业外向国际化发展研究［J］. 中国证券期货，2009（7）：62－64.

低成本劳动力进行加工生产赚取加工贸易的利润，目前由于劳动力成本上升，中国代工产业正遭遇转型困境。帮助代工产业摆脱困难，就必须从企业创新、引进选择技术入手，着眼于产业结构与劳动力结构转型两方面同时进行，让代工转型产业能够拥有自己的关键技术或品牌，加强企业核心竞争力。由此，中国战略性新兴产业的发展与扩张会助推中国产业结构深化改革的进程，通过"技术和效益外溢""完善产业链"等方面使中国能够破解当前的产业发展难题。

当前，中国开放型经济体系建设，为战略性新兴产业成长与外向发展提供了强而有利的条件。

3.4.1　政策支持

开放型经济要区别于外向型经济，它是一种制度性开放，主要是努力使关税壁垒不断降低，让资本自由流动程度不断提高，总体上是一种政策性开放，而外向型经济则是以扩大出口为主要导向。为了提高经济开放水平，国家从战略的角度进行了部署，各地区也相应结合地方实际情况出台了相关政策与措施。

2011年，湖南省人民政府印发了《加快发展开放型经济的若干政策措施》的通知，从加快发展会展经济、加强出口基础建设等方面认真贯彻落实开放型经济建设的有关政策与措施。① 安徽省不仅出台了有关政策，而且还组织开展了"全省开放型经济政策宣传服务月活动"。在2013年《中共中央关于全面深化改革若干重大问题的决定》（以下简称《决定》）的16个部分中，"构建开放型经济新体制"是第七部分，《决定》对"放宽投资准入、加快自由贸易区建设、扩大内陆沿边开放"作出了重要部署。② 这为战略性

---

① 湖南省人民政府关于印发《加快发展开放型经济的若干政策措施》的通知 [EB/OL]. 湖南省人民政府网站，http：//www.hunan.gov.cn/xxgk/wjk/szfwj/201105/t20110509_4824444.html. [2011 – 05 – 04].

② 中共中央关于全面深化改革若干重大问题的决定 [EB/OL] 中华人民共和国中央人民政府网站，http：//www.gov.cn/jrzg/2013 – 11/15/content_2528179.htm. [2013 – 11 – 15].

新兴产业的发展提供了强有力的支持。2014年5月6日，东莞市政府常务会议审议通过《东莞市推动开放型经济转型升级"四大体系"实施办法》（下称《办法》）。《办法》中提出要探索设立境外展销中心，取消、简化资本项下的一些行政许可审批等，这些措施为企业外向发展提供了有力的支撑。[①]

从世界范围来看，各国都在寻求产业发展新的制高点，从新能源、生物制药、云计算等诸多方面选择不同的产业支持切入点。在这样的背景下，中国对开放型新体制的构建战略必然会助推战略性新兴产业的迅速崛起。中国已经成为世界第一生产大国，第一出口大国，第一大外汇储备国，这些都为进一步提高开放型经济水平奠定了坚定的基础，在有限资源和环境承载力的束缚下，中国需要培育具有创新力量与优势的产业，因此，各地区也纷纷出台了促进经济开放的相关政策，为战略性新兴产业的外向发展提供了便利的条件。

3.4.2 人才支撑

从全国研究开发人员的数量上看，中国虽然在人力供给方面存在优势，但是，从科技人才供给数量上看，依然存在与经济发展速度和科技发展中人才需求结构不匹配之处。高层次人才对于科技创新和推动产业升级转型起着重要的助推作用，高层次人才的聚集效应会使聚集区域获得先发优势，也可以促进地区向创新驱动转型。在全球经济结构调整和新工业革命的新形势下，中国经济已到了从"要素驱动"转向"创新驱动"的关键时期，要积极在技术、制度、管理等方面进行全面创新，要将科技创新摆到核心位置，实现更有质量的增长，要培育和发展企业的核心竞争力，这其中起关键作用的就是人才。创新始终是推动一个区域、一个企业可持续发展的重要力量，而创新驱动实质上就是人才驱动。创新驱动，转型发展，只有靠人才。只有充分释放人才资源的效能，才能更好地推进科技创新、制度创新。能否有效

---

① 东莞推动开放型经济转型升级"四大体系"政策出台［EB/L］. 中国新闻网，http：//www. chinanews. com/cj/2014/05－07/6142219. shtml. ［2014－05－07］.

地培养和造就大批高水平创新型人才，已经成为衡量科技体制改革成效的重要标准之一。创新应该渗透到从小到大各个领域中，这就需要激发人才的效能，要让一切劳动、知识、技术、管理、资本的活力竞相迸发，而高层次人才作用的发挥将为科学发展提供重要的智力支撑，高层次人才在关键技术的重大突破、重点项目的自主研发和高端智力成果的应用转化方面发挥着不可替代的作用。

无论中央还是地方，都越来越重视人才的培养与选拔，尤其是针对区域经济发展所急需的高层次人才的引进。在国家大力提倡创新驱动、实施科教兴国战略和人才强国战略的背景下，各地纷纷出台"孔雀计划""百人计划""千人计划"等高层次人才引进政策。2012 年 8 月 17 日，"国家高层次人才特殊支持计划"（亦称"万人计划"）被多个机构联合印发，这是面向国内高层次人才的支持计划。2012 年，中组部、人社部、外交部、公安部等部门就曾积极推动在《中华人民共和国出入境管理法》及配套法规中专设人才签证类别。人才签证进入国家法律，为海外人才再开绿色通道。2015 年 1 月，中组部、人社部、国家外专局印发《关于为外籍高层次人才来华提供签证及居留便利备案工作有关问题的通知》（以下简称《通知》），将"回国（来华）定居工作专家项目""北京市海外人才聚集工程"等 55 项省部级以上开展的海外高层次人才引进计划，纳入第一批全国重点海外高层次人才引进计划备案。《通知》的印发，将有利于形成多层次、多渠道、相互衔接的引才格局。①

高层次人才集聚可以促进原始性创新的产生，推动生产力发展，实现经济跨越式前进。高层次人才的集聚蕴藏着巨大的经济效益和社会效益。高层次人才在一定范围内的集聚必然会为所集聚的地区经济社会发展增加动力，高层次人才的集聚必然会促使聚集区域更早地获得先发优势。总之，国家积极促进国内高层次人才的聚集，将会直接影响人才聚集区域内的生产力发展水平。此外，战略性新兴产业的核心技术研发与升级需要这些高层次人才来

---

① 时圣宇.《关于为外籍高层次人才来华提供签证及居留便利备案工作有关问题的通知》发布[N]. 人民日报，2015-01-25.

发挥作用。在开放型经济体系建设下，从人才体系方面来看，国家的政策为战略性新兴产业引进高层次人才提供了强有力的支撑。

3.5

"一带一路"倡议下战略性新兴产业发展的机遇

2013 年，习主席提出"一带一路"的倡议，这对于实现全球发展平衡、开创新型区域经济合作模式等方面都具有重大意义。"一带一路"沿线主要包括：东亚的蒙古、东盟 10 国、西亚 18 国、南亚 8 国、中亚 5 国、独联体其他 7 国和中东欧 16 国。其中，仅东盟 10 国的人口就达到 5.91 亿人。如果将其作为一个整体，它将是世界人口第三大地区，是发展中国家吸收外商直接投资（FDI）的主要地区。[①] "一带一路"沿线国家人口总数和经济总量占世界比重可达 63% 和 29%，大部分国家出生率高于世界平均水平，青少年人口比重多，对战略性新兴产业的国外发展存在巨大吸引力。[②]

3.5.1 "一带一路"沿线中国战略性新兴产业发展的商机

2014～2016 年，中国与"一带一路"沿线国家的贸易金额累计达到 3 万亿美元以上，投资累计 500 多亿美元。2017 年，中国与东盟之间的贸易额已经突破 5000 亿美元，达到 5148 亿美元，创历史新高。中国与东盟进出口值占全年进出口总值的 12.5%，双边贸易额超过同期中美贸易水平。[③]

加快能源基础设施互联互通合作，推进跨境电力与输电通道建设，是中国与"一带一路"沿线国家合作的重要内容。以中国智能电表对外贸易为

---

① 丁波涛. 中国—东盟信息化合作现状与发展前景 [J]. 东南亚纵横，2017（4）：59－62.
② 中国动漫游戏产业"一带一路"沿线国家合作规模已逾 15 亿元 [DB/EL]. 中国新闻网，https：//www.chinanews.com/cj/2017/07－06/8271049.shtml.［2017－07－06］.
③ 中国与东盟贸易额突破 5000 亿美元创历史新高 [DB/EL]. 金融界网，https：//finance.jrj.com.cn/2018/01/26222024015467.shtml.［2018－01－26］.

例，中国的主要出口贸易国第一是非洲国家、第二是欧洲国家，之后依次是西南亚、东南亚、南美国家，其中，东南亚各国作为新兴经济体，电气化水平仍较低，电网基础设施欠发达，伴随国家城市化进程发展，智能电表市场需求潜在空间较大。

在通信领域，新一代信息技术产业作为高精尖产业对于推动经济高速增长具有非常大的发展后劲，近年来，新一代信息技术产业的就业带动效应与规模扩张速度日益增强，在一些生产领域里，突破了一些产业发展面临的战略性瓶颈；在"一带一路"倡议下，高端产业的国际化合作也展现了巨大的发展空间与带领潜力。由于"一带一路"沿线国家的信息化发展存在水平差异，这为中国与各国在信息安全、智慧城市建设等领域实现共建安全、开放的网络服务提供了机遇。中国的新一代信息技术产业的国际化发展，需要借助"一带一路"下的发展机遇，带动一些相对发展较慢国家的信息产业进步，并加强国与国企业的双向互动，促进共同发展。

国家"一带一路"倡议也进一步推动了中国汽车出口的增长。2017 年1～11 月，中国向"一带一路"沿线国家出口整车 57.34 万辆，同比增长 22.35%，占出口汽车总量的 59.99%。2017 年 1～8 月，中国新能源乘用车向孟加拉国、印度、菲律宾出口的数量分别为 35895、8550、457 辆。[①]

总之，中国与"一带一路"沿线国家在战略性新兴产业领域需要开展更广泛的合作，在"一带一路"沿线国家推广拥有中国自主知识产权的战略性新兴产业的产品和服务，为中国企业更好地"走出去"提供更好的发展机遇。

3.5.2　战略性新兴产业发展的绩效

"一带一路"倡议，使中国与沿线国家的信息、资源、资金等要素更加畅通地流动，更好地消除各种阻碍，随着中国战略性新兴产业技术的不断提

---

① 中国汽车出口量 5 年来首次回升［DB/EL］. 新京报，http：//www. bjnews. com. cn/auto/2018/02/05/475272. html.［2018 - 02 - 05］.

高，借力"一带一路"中国企业通过积极寻找融入"一带一路"的发力点，把握重大发展机遇，近些年来取得了显著的成效。

3.5.2.1 与"一带一路"沿线国家广泛开展合作

在"一带一路"沿线的国家中，中国数字创意产业在其中50多个国家已经进行跨国发展与合作，其中，一些动漫企业营业额已经可以达到千万元以上，在越南、泰国、沙特阿拉伯、俄罗斯等重点国家，中国动漫游戏相关产品市场认可度较高，三七互娱在东南亚部分区域网游和手游市场份额均居首位。2018年4月，首届动漫游戏展共计有北京、上海、广东、山东、陕西、贵州、广西等国内省区市的86家动漫游戏企业参展，白俄罗斯、喀麦隆、印度、吉尔吉斯斯坦、老挝、马来西亚、毛里求斯、缅甸、蒙古、巴基斯坦、俄罗斯、哈萨克斯坦、乌克兰、越南等国的近50家企业到会洽谈。通过依托展会平台，中国与东盟国家不断深化双方合作，这证明中国和东盟的动漫产业合作具有庞大的商机和巨大的前景。

"一带一路"沿线各国，资源禀赋优势不同，在经济方面存在较强的互补性，新能源合作的潜力和空间巨大。中国新能源企业在积极探索开展"工程承包＋融资""工程承包＋融资＋运营"的产能合作新模式。

3.5.2.2 汽车和信息等产品外贸出口得到进一步带动

国家"一带一路"倡议为中国汽车产业的海外合作与发展提供了巨大的机遇，推动了中国汽车出口的增长。2017年1~11月，中国向"一带一路"沿线国家出口整车57.34万辆，同比增长22.35%，占出口汽车总量的59.99%。中国汽车开拓国际市场的成效是很显著的，例如，在伊朗，汽车出口继续保持增长，2017年出口是25万辆，对东盟出口将近12万辆，对"一带一路"沿线国家2017年全年累计出口总量达到61万辆，出口额70亿美元。中国汽车企业不仅在"一带一路"沿线国家建立海外工厂，而且通过生产合作，也带动了其他产品的输出。例如，奇瑞在伊朗不仅有自主品牌，而且还设立了呼叫中心，实行24小时道路救援服务，对于终端市场的控制力和销售者的影响力显著提升，截至2017年，奇瑞在伊朗市场的保有量可达 25 万辆左右。①

2016 年，中国与"一带一路"沿线主要国家的出口贸易额达到 690 亿美元，其中，东盟国家占比达到 50% 以上；在进口贸易方面，累计金额为 726 亿美元，东盟国家占比达 94%。

中国轨道交通装备企业将自身的自主知识产权的系列产品，在土耳其等国家运营。2012 年 8 月，中车株机公司成功中标安卡拉地铁 324 辆订单。2017 年 5 月，首条海外全中国标准铁路——肯尼亚蒙内铁路正式通车。

综上所述，在"一带一路"倡议下，中国战略性新兴产业的国际合作机遇日渐凸显，中国企业需要通过国际合作国家多元化、商业模式多样化等路径积极推进产业跨国合作深入发展。

---

① 我国汽车出口量 5 年来首次回升［DB/EL］. 新京报，https：//www.bjnews.com.cn/detail/155152629914699. html.［2018 - 02 - 05］.

第4章

中国战略性新兴产业的领域选择

　　2008 年，国际金融危机给很多国家带来了巨大的经济冲击，众多国家纷纷寻找推动经济发展的新引擎。虽然，中国经济整体上保持了平稳的发展，但在此次金融危机下，中国国内经济和对外贸易还是受到了很大的影响，主要体现在国外需求萎缩，国内需求不旺，原本外销的产品，内需解决不了，部分产业产能过剩局面凸显。在经济发展受到挑战的同时，中国也面临着新的机遇，中国和众多国家一样在竞相推进经济发展，寻求登上制高点的重要驱动力，中国也将关注重点放到大力发展战略性新兴产业上面来。可以说，当前的国际经济形势赋予了中国由生产强国快速向制造强国迈进的机会。在全球经济失衡中，加快产业结构优化，提升体制创新与科技创新的步伐，使中国产业强化自身的核心技术，捕捉可持续的竞争优势，提高产业国际竞争地位。

4.1
中国战略性新兴产业提出的背景

　　经过几十年的努力，中国利用低劳动力成本的比较优势，快速发展对外贸易，增加投资，经济方面取得了举世瞩目的成绩，中国成为制造大国，与很多国家建立了友好的贸易往来关系。但随着要素价格趋同的发展，中国低成本要素价格的优势已经逐渐弱化，中国面临着快速转变经济发展方式的巨大压力，经济发展由要素驱动转变为创新驱动，中国产业的发展，亟须改变原来的以牺牲环境为代价的发展模式，要继续助推创新发展、可持续发展。

4.1.1 中国现行产业体系发展遇到困境

产业的分工发展状况会影响产业体系的特征与构成，即使是在中国不同地区，产业分工存在差异，会使不同区域产业体系特点也呈现较大区别。在世界生产体系中，中国的很多企业都是处于低端价值链，产业发展亟须技术创新、环境亟待更好地保护和进行生态补偿，这些现行产业体系存在的问题迫使我们要构建新的产业体系。①

中国现行产业体系发展面临着困境，资源有限但产业能耗大、污染问题亟待解决、产业生产过剩影响经济运行、产业价值链亟待有序高端化发展等，这些问题都是粗放型发展方式带来的结果。中国目前总共有 24 个行业，但其中的 21 个已经有产能过剩的问题，主要的代表行业有纺织业、服装业、钢铁业等。② 在很长一个阶段内，我国的生产要素成本都很低，包括土地使用、环保成本等方面，但带来的是高消耗、高增长与低效益，生态环境问题日益凸显，低成本优势逐渐降低；多年来，投资虽拉动经济增长，但消费占GDP 的比重却不断下降，投资的高速增长最终使一些行业出现产能过剩现象，因此，我们亟待快速优化产业结构、创新产业发展模式、转换新的经济增长引擎。

4.1.1.1 资源束缚条件下，产业能耗却巨大

环境资源有限，已经成为经济可持续发展的重要瓶颈，从中国产业污染物排放情况来看，不同产业，能源消耗的强度有差异，在同一行业中，技术

---

① 张伟，胡剑波. 产品内分工、产业体系演变与现代产业体系形成 [J]. 产经评论，2014 (7)：5 - 18.

② 王燕. 中国制造业所面临的问题及对策分析 [J]. 科教文汇，2014 (9)：219 - 221.

水平低，则该产业能源强度高。2005 ~ 2009 年分行业能源消费总量如表 4.1
所示，如果将三大产业进行比较，中国第一产业的能耗处于一个相对较低的
水平，所占份额也比较小，为 2% 左右，第二产业工业能源消耗量占绝对大
的比重，为 71% 左右。中国工业发展正进入重化工时期，单位能耗极高的重
化工业在中国的快速发展产生了巨大的能源消费，使能耗居高不下。2007 年
化工各行业能源总消费量就已经占到了我国能源总消费量的 25%。2005 ~
2009 年，建筑业的能源消费总量的绝对量与速度，相比其他产业而言，呈现
较为快速的增长。

表 4.1	2005 ~ 2009 年分行业能源消费总量			单位：万吨标准煤	
行　　业	2005 年	2006 年	2007 年	2008 年	2009 年
农、林、牧、渔、水利业	6071.06	6330.71	6228.40	6013.13	6251.18
工业	168723.53	184945.45	200531.38	209302.15	219197.16
建筑业	3403.31	3760.73	4127.52	3812.53	4562.02
交通运输、仓储和邮政业	18391.01	20284.23	21959.18	22917.25	23691.84
批发、零售业和住宿、餐饮业	4847.75	5314.05	5689.38	5733.58	6412.26
其他行业	9254.56	10275.98	11158.19	11771.34	12689.81
消费总量	235996.65	258676.30	280507.94	291448.29	306647.15

资料来源：《中国统计年鉴 2011》。

4.1.1.2　污染问题亟待解决

经济的发展会受到环境承载力的约束，如果仅注重经济发展而不考虑给
环境带来的损失，那么环境反过来会抑制经济发展，让经济的可持续发展遇
到瓶颈，所以，为了代际公平，为了经济与环境协调发展，必须在工业发展
的贡献中分析环境的损失率，或者说工业的发展必须要考虑环境负担问题，
尽可能减少对环境的污染。以大气污染为例，大气污染不仅给生态环境带来
危害，而且会对人类身体健康造成伤害，各地区根据大气污染的区域性特
征，不断健全环境管理体制，加强大气污染的治理与监测等工作。[①] 针对大

---

① 张铭贤. 积极推进华北大气污染联防联控 ［N］. 河北经济日报，2013 - 03 - 04（001）.

气污染，各地区都在积极采取措施，通过工业企业技术改造、汽车尾气治理和推广新能源交通工具使用等途径努力治理大气污染。[①]

以气体污染为例，对我国工业化进程带来的污染治理压力进行分析，从而印证亟须转变产业发展思路，加快战略性新兴产业发展的必要性。在工业化进程所带来的废气排放问题面前，需要对工业的贡献率与气体污染负担率进行比较，这样才能衡量经济效益与环境损失之间的关系，如果弥补环境损失的经济补偿大于获得的经济效益，是得不偿失的，这不利于经济的可持续发展。为了研究各地区的工业贡献率与气体污染负担的合理性，引入洛伦兹曲线的研究方法，以期从不同地区气体污染物排放是否均等或合理的角度，结合理论和实证分析，从工业生产力发展的视角探讨降低气体污染排放量的思路。

（1）气体污染物排放的环境洛伦兹曲线。在这里借用洛伦兹曲线和基尼系数来研究各地区大气污染物排放的负担及气体污染强度。二氧化硫、氮氧化合物和烟（粉）尘是工业废气排放的主要物质，也是对环境造成污染的主要污染源，假定各地区在生产过程中对 GDP 的贡献会带来一定的气体污染物排放量，用各地区的工业生产总值占全国工业 GDP 的比重表示各地区生产贡献率，用各地区二氧化硫、氮氧化合物和烟（粉）尘的排放量占全国二氧化硫、氮氧化合物和烟（粉）尘排放量的比重表示各地区工业生产带来的气体污染负担率，即各地区大气污染的损失率。将各地区的生产贡献率与大气污染负担率进行比较，用以衡量各地区污染气体排放带来的环境损失与生产贡献之间的差异。在此分析中，我们仅考虑工业生产贡献及其带来的环境污染负担，暂不考虑土地、人口数量等因素对各地区环境负担率的影响。指标选择如下。

各地区工业生产贡献率 I_a = 各地区的工业 GDP_a/全国工业 GDP

各地区气体污染物的负担率 M_{ax} = 各地区气体污染物排放量 P_{ax}/全国气体污染物排放量 P

气体污染负担率与生产贡献率之比 $Q_{ax} = I_a/M_{ax}$

① 傅年丰. 合肥市多措并举治理大气污染 [N]. 人民政协报，2013 - 03 - 01（A02）.

　　x = 1，2，3，分别代表烟（粉）尘、氮氧化合物和二氧化硫；a = 1，2，3，…，31，表示 31 个地区。

　　如果 Q 小于 1，数值越小，意味着该地区工业生产带来经济效益的增加率越高于环境污染的增加率，高于全国各地区的平均水平，意味着该地区具有较高的生产力水平，因工业排放导致的大气污染程度较低，或者是大气污染物的排放受到一定程度的控制；反之，如果 Q 大于 1，则代表该地区工业生产带来的经济效率低于环境污染的增加率，代表该地区的生产会带来更多的大气污染物的排放，环境效益的损失大于经济效益的增加，Q 的数值越高，则表明该地区越需要努力提高生产力水平，降低污染物的排放，或者通过强化保护大气环境的措施，控制工业废气的排放。[1]

　　表 4.2 给出了各省区市生产贡献率与大气污染负担率的比较状况，其中，北京、天津、西藏和甘肃等 16 个省区市的各种工业废气的污染负担率都小于生产贡献率，显示出较高的工业生产水平或较低的工业废气排放水平，表明在这 31 个省区市中有 1/2 左右的城市在工业生产中废气的排放水平低于全国的平均标准。河北、山西、山东和河南等 8 个省份，工业生产的贡献率小于废气排放的负担率，气体污染负担明显高于全国平均水平。从数据分析上看，河北最为明显，烟（粉）尘的污染负担率是工业贡献率的 3 倍，氮氧化合物的污染负担率是工业贡献率的 2 倍，二氧化硫的污染负担率是工业贡献率的近 2 倍。这表明，河北的工业废气排放亟待有效措施加以控制。

表 4.2　　　　　　31 个省区市气体污染负担率与工业生产贡献率之比

省区市	烟（粉）尘占比 Q1	氮氧化合物占比 Q2	二氧化硫占比 Q3	省区市	烟（粉）尘占比 Q1	氮氧化合物占比 Q2	二氧化硫占比 Q3
北京	0.1496827	0.22770157	0.128294012	湖北	0.78685157	0.809666424	0.872443343
天津	0.17258358	0.433942093	0.302636686	湖南	0.87388814	0.805698692	0.898511919
河北	3.00619337	2.177736802	1.850852994	广东	0.737083488	1.678482151	1.111102093

---

　　[1]　王艳秀. 地区工业废气排放负担的差异及对策研究 [J]. 经济与管理，2013（9）：22－28.

续表

省区市	烟（粉）尘占比 Q1	氮氧化合物占比 Q2	二氧化硫占比 Q3	省区市	烟（粉）尘占比 Q1	氮氧化合物占比 Q2	二氧化硫占比 Q3
山西	2.56833163	1.554911919	1.833712616	广西	0.655317965	0.597299273	0.68289532
内蒙古	1.68185096	1.71919968	1.84728218	海南	0.035955669	0.115329186	0.042692064
辽宁	1.57565811	1.285040378	1.476051541	重庆	0.41137657	0.48680468	0.769277907
吉林	0.98241294	0.731155552	0.541561744	四川	0.877216483	0.815957674	1.182244244
黑龙江	1.49089151	0.947627297	0.684040407	贵州	0.689826628	0.66885064	1.447366163
上海	0.20419375	0.526437529	0.314696919	云南	0.868893052	0.66320686	0.90597782
江苏	1.19875762	1.856846686	1.381197326	西藏	0.022812006	0.04911625	0.005473052
浙江	0.73495605	1.038668808	0.867735349	陕西	1.05344811	1.00565907	1.201684797
安徽	1.02797445	1.159653808	0.693972326	甘肃	0.536897878	0.581396686	0.817737936
福建	0.51223392	0.597903052	0.510084506	青海	0.314458605	0.15006686	0.205255698
江西	0.90025477	0.740374971	0.765519128	宁夏	0.489785145	0.553968605	0.537885233
山东	1.78180538	2.164575	2.395138285	新疆	1.209117297	0.912970814	1.000123517
河南	1.51895669	2.013572674	1.796296279				

资料来源：根据《中国统计年鉴 2012》，数据经整理计算所得。

（2）绘制环境洛伦兹曲线。通常的洛伦兹曲线是一条下凸的曲线，用以表示不平均的程度，下凸程度越大，代表越不平均。[1] 如图 4.1 所示，45 度的对角线表示绝对平等线，即各地区的生产力发展水平相同，所带来的气体污染物排放水平也一样，各地区的气体污染物排放负担相同；横轴和右侧的纵轴所组成的折线是绝对不平等曲线，表示大气污染物的排放仅由一个地区释放，也就是基于工业生产的大气污染物的负担是由一个地区带来的；左侧的纵轴表示各地区不同气体排放量在全国中的比重，即各种废气排放的污染负担率；横轴表示各地区工业生产贡献率，即各地区的工

---

[1] 张晶，封志明，杨艳昭. 洛伦兹曲线及其在中国耕地、粮食、人口时空演变格局研究中的应用 [J]. 干旱区资源与环境，2007（11）：63 - 66.

业生产总值在全国工业 GDP 中的比重。图中三条弯曲的曲线是将不同地区工业生产贡献率与气体污染的负担率确定的散点连接而绘制的，每条曲线与对角线组成的面积用 A 表示，曲线与折线之间的面积用 B 表示，用 A/（A + B）的数值即基尼系数来分析气体污染物的排放水平，该数值越大，则表明气体污染物的排放越是集中在少数几个地区，反之，则表示各地区的气体污染排放负担相同。[①]

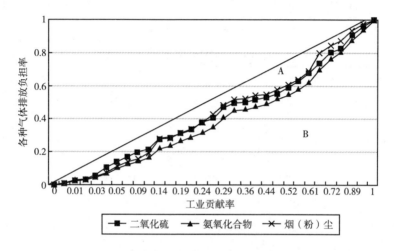

图 4.1　各地区废气排放的环境洛伦兹曲线

资料来源：根据《中国统计年鉴 2012》，数据经整理计算绘制。

（3）最佳模型选择。由于实际中数据采集是离散的，为更准确地计算基尼系数，需要准确绘制洛伦兹曲线并选择最佳模型。[②] 根据图 4.1 中散点分布特点，选用二次曲线模型和乘幂曲线模型，拟合两个模型，将拟合情况进行比较，选择拟合优度最好的模型，对各种气体污染负担的环境洛伦兹曲线进行曲线估计，见表 4.3，给出了三种气体污染的环境洛伦兹曲线的两种回归模型检验报告，从拟合优度、模型检验结果和各个参数值来看，这两个模型均具有统计学意义，但是用拟合优度来确定最佳模型，选择二次曲线模型。

① 谢健. 洛伦兹曲线与基尼系数的估计方法 [J]. 浙江经济高等专科学校学报，1999（4）：19 – 22.

② 牛晓其. 理想洛伦兹曲线拟合及其方程特性 [J]. 安徽师范学院学报，2009（2）：19 – 22.

表 4.3　　　　　　　　　　　模型汇总和参数估计值

因变量	方程	模型汇总					参数 3 估计值		
		R 方	F	df1	df2	Sig.	常数	b1	b2
二氧化硫负担率	二次	0.994	2176.834	2	28	0.000	−0.011	0.581	0.299
	幂	0.990	2848.082	1	29	0.000	0.862	1.306	
氮氧化合物负担率	二次	0.993	1972.823	2	28	0.000	−0.003	0.694	0.178
	幂	0.425	21.435	1	29	0.000	−1.430	−0.007	
烟（粉）尘负担率	二次	0.983	807.414	2	28	0.000	−0.006	0.660	0.198
	幂	0.426	21.497	1	29	0.000	−1.548	−0.008	

建立的回归方程为：

二氧化硫排放的环境洛伦兹曲线：$Y_1 = -0.011 + 0.581x + 0.299x^2$

氮氧化合物排放的环境洛伦兹曲线：$Y_2 = -0.03 + 0.694x + 0.178x^2$

烟尘污染排放的环境洛伦兹曲线：$Y_3 = -0.06 + 0.66x + 0.198x^2$

通过定积分进行计算，获得二氧化硫、烟（粉）尘、氮氧化合物排放的基尼系数 A／（A + B）的比值分别为：0.2417（二氧化硫），0.3280（烟粉尘），0.2473（氮氧化合物）。一般情况下，如果基尼系数小于 0.2，认为绝对公平，0.2 ~ 0.3，表明相对平均，0.3 ~ 0.4，表示较为合理，0.4 ~ 0.5，认为差距较大，0.5 以上认为高度不平均。[①] 二氧化硫和氮氧化合物的基尼系数处于 0.2 ~ 0.3，表示相对平均；烟（粉）尘的基尼系数处于 0.3 ~ 0.4，表示较为合理。由此可以看出，各地区工业生产所排放的烟（粉）尘，相对于二氧化硫和氮氧化合物的排放而言，存在一定的差异，但不十分显著；我国工业生产的废气负担度，从各地区的工业发展生产水平来看，各地区的分布是较为均衡的，废气的排放负担并不是由于单一或若干地区的工业集聚造成的。[②]

（4）K - 均值聚类分析。为进一步研究各地区工业废气排放的共性，对数据作进一步的聚类分析。选择西藏、山东、河北、云南和江苏作为初始类

---

① 徐道炜，刘金福，洪伟. 中国城市资源环境基尼系数研究 [J]. 统计与决策，2013（9）：27 - 30.

② 王艳秀. 地区工业废气排放负担的差异及对策研究 [J]. 经济与管理，2013（9）：22 - 28.

的中心点，这几个地区包括了 31 个省区市中从高至低不同的大气污染排放水平，但这不一定是最好的代表，需要再进行迭代过程寻找更好的类中心点代替初始类中心点。表 4.4 为迭代历史记录，第一次迭代后，5 个中心点分别变化为 0.287、0.000、0.381、0.130 和 0.249，第二次迭代后，5 个中心点变化均小于指定的收敛准则 0.01，达到聚类结果要求。

表 4.4   迭代历史记录

迭代	聚类中心内的更改				
	1	2	3	4	5
1	0.287	0.000	0.381	0.130	0.249
2	0.000	0.000	0.000	0.000	0.000

注：a. 由于聚类中心内没有改动或改动较小而达到收敛。任何中心的最大绝对坐标更改为 0.000。当前迭代为 2。初始中心间的最小距离为 1.209。

表 4.5 为最终的聚类中心，可以看出，第 1 类的指标数据值最低，包括 6 个省区市，分别为北京、天津、上海、海南、西藏和青海，这些省区市各项指标的数据较低，表明由于生产水平较高，生产贡献率远大于气体污染物的排放负担率，或者是该地区工业废气污染的排放率本身较低。但是在实践中，对于各省份的大气环境负担率进行分析，还要考虑其他影响因素，例如，北京、天津和上海这三个城市即使工业生产所带来的贡献率高于大气污染导致的环境损失率，但是引入土地面积、人口等因素，可能导致的结论会有所不同，例如，从单位土地面积方面分析，北京地区所承担的气体污染负担可能是很高的，在此，我们仅考虑工业贡献率与废气污染负担程度。第 2 类、第 3 类和第 5 类的各指标数据值较高，一共包括 8 个城市：山东自成一类；河北、山西归为第 3 类；广东、河南、内蒙古、辽宁、江苏归为第 5 类；其余 17 个城市归为第 4 类。在我国 31 个省区市中，仅有不足 1/4 的地区的工业生产贡献率小于工业生产导致的废气负担率，这可能与各地区的生产力水平和各地区的废气控制程度有关。①

---

① 王艳秀. 地区工业废气排放负担的差异及对策研究 [J]. 经济与管理，2013（9）：22－28.

表 4.5　　　　　　　　　　　　**最终聚类中心**

聚类	1	2	3	4	5
烟（粉）尘	0.1499	1.7818	2.7873	0.8295	1.3425
氮氧化合物	0.2504	2.1646	1.8663	0.7716	1.7106
二氧化硫	0.1665	2.3951	1.8423	0.8458	1.5224

（5）主要结论。由 2011 年全国工业废气主要污染物排放的数据绘制环境洛伦兹曲线，计算出来的各气体污染物排放的基尼系数都处于 0.2~0.4，表明我国经济生产所带来的气体污染物的排放负担从地区分布上来看，各地区根据各自的发展水平不同所承担的气体污染负担水平大致相当，是处于比较合理的范围之内的；大气污染物的排放并不是由于极少数地区的工业集聚所导致的；从以各地区的工业贡献率为基础分析的大气污染物的排放分布特点来看，各地区依据自身的工业发展水平，在气体污染物排放负担的承受方面呈现比较均衡的特点。在不考虑其他因素的情况下，各地区的工业废气负担差异不是很大，但是，在实际研究中，还需要考虑各地区的区域面积、人口数量等因素，如果引入这些因素再进行地区废气排放负担率比较时，可能得出的单位面积或单位人口废气的负担程度会发生变化，因此，此次的模型研究中，主要侧重的是地区工业贡献所带来的气体污染负担分析，这也是地区废气污染来源的主要方面。

在各地区大气污染负担率与生产贡献率比较中，进一步证实了不同地区的工业生产贡献所带来的气体污染物排放水平是存在差异的，北京、上海等经济水平较高、生产力水平比较高的地区，工业生产所带来的工业污染物的排放比率相对于落后地区的水平明显要低很多，这说明，提高生产力和技术水平可以有效降低污染物的排放水平。在各地区气体污染物排放水平的聚类分析中，有 8 个地区在废气主要污染物排放水平方面与其他城市存在明显差异，气体污染物排放的负担率明显大于工业的贡献率。综合以上分析，得出结论：在仅考虑工业生产力水平因素研究气体污染物排放水平时，地区可以通过提高生产力水平和技术水平，或者通过气体污染物排放的控制措施，来有效降低气体污染物的排放负担。

上面的实证分析印证了我国转变经济发展方式的重要原因——要实现可

持续发展，实现经济效益和生态效益双赢。而战略性新兴产业的发展正是符合时代要求，符合国情，符合产业发展需要而提出来的。

4.1.1.3　产能过剩

面对产能过剩，我国政府提出拉动内需的政策，但是，现在出现的问题不仅是需求不足，还有社会供给能力超过社会需求形成产能过剩，此种情况下，企业不敢再投资，传统的依靠投资拉动经济增长的模式已不可持续。产能过剩带来的影响，在纺织和钢铁行业表现得尤为明显。

（1）纺织业发展面临困难。从 2005 年一些行业产能过剩的情况来看，纺织行业的产能过剩问题已经比较严重，详见表 4.6。2005 年底，纺织行业综合加工能力过剩 15%～20%。[①] 2006 年，"产能过剩"的问题就已经在一些产业的发展研究中被学者纷纷提及。2007 年，处在中国纺织业中心地带的绍兴公布了一项调查数字，纺织产能过剩 25%，印染产能过剩 30%，服装产能过剩 35%。根据中国第一纺织网估算，2009 年，国内纺织行业过剩产能至少超过总产能的 20%。[②] 2009 年 1～2 月纺织品服装出口出现 15.51% 的大幅下滑。[③]

表 4.6　　　　　　　　　　　2005 年产能过剩的行业情况对比

行业	产能过剩问题
钢铁	年总产能 4.7 亿吨，只生产了 3.7 亿吨，产能过剩 1 亿吨
电解铝	总产能 1030 万吨，内需只有 602 万吨，外需 102 万吨，闲置产能达 326 万吨
焦炭	焦炭产量 2.43 亿吨，内需和外需共计 2.32 亿吨，产能超出需求 0.11 亿吨
水泥	水泥产能 12.87 亿吨，产量却为 10.38 亿吨，剩余产能 2.49 亿吨

资料来源：纺织等行业产能过剩问题突出［J］. 河南纺织科技，2006（1）：37.

2014 年工信部发布的工业行业淘汰落后和过剩产能企业名单（第二批）

---

① 纺织等行业产能过剩问题突出［J］. 河南纺织科技，2006（1）：37.
② 田丽，马莉，赵明霞. 2007 年中国纺织经济运行与产业结构调整调查［J］. 中国经贸导刊，2007（13）：47－49.
③ 张然. 浅谈聚酯纤维产销失衡谁之过［J］. 纺织商业周刊，2009（13）：19－20.

中，涉及纺织业的有制造企业 5 家，共 126 万标张产能，印染企业 9 家，共 2.22 亿米产能。[①]

2014 年 1～9 月，纺织工业完成出口交货值 7028.3 亿元，同比增长 2.9%，增速较上年同期及上年全年分别下滑 4.1 和 4.3 个百分点，出口形势不是很乐观。2014 年第三季度企业家信心指数为 63.6%，创 2013 年第四季度以来新低。[②] 据统计，纺织品全年出口每下降 10 个百分点，全行业的销售收入将下降 6.3 个百分点，就业岗位则会相应减少 61 万个左右。纺织行业产能过剩的原因，主要包括两大方面：一是纺织行业技术水平低，重复投资现象严重；二是纺织行业主要依赖国外的需求，若国际市场需求不振，则会影响纺织行业的发展。[③]

总体而言，传统纺织业由于产能过剩问题比较严重，需求没有得到提升，产业升级困难，加之 2008 年以来受金融危机影响，国际经济不景气，行业的盈利能力很难得到大幅提升，纺织业的发展遇到很多困难。

（2）钢铁贸易遇到瓶颈。2005 年钢铁行业总产能 4.7 亿吨，只生产了 3.7 亿吨，产能过剩 1 亿吨。根据中钢协的统计，2010 年末我国炼钢淘汰落后产能约 3000 万吨，自 2012 年出现钢贸危机以来，钢铁流通行业的企业数量迅速缩减，行业亟待转型升级。中国物流与采购联合会的调研报告显示，自 2012 年钢贸危机以来，全国钢贸商数量从 20 万家迅速缩减至 10 万家左右。从 1990～2013 年美国对中国钢铁反倾销调查数量波动来看，钢铁产业受到的反倾销调查数量在金融危机前后明显出现大幅波动，如图 4.2 所示，2001～2005 年数量增加至 11 起，2006～2010 年上升到 19 起，同比上涨 72.7%，应该说金融危机对钢铁外贸发展也带来了一定的冲击。

2014 年有 60% 以上的钢贸企业出售的吨钢利润低于 10 元。[④] 欧盟在 2014 年 5 月收到欧洲钢铁生产商联盟的投诉（投诉指出，中国大陆和台湾地

[①] 第二批淘汰落后和过剩产能企业名单公布 [J]. 纺织科学研究，2014 (9)：7.

[②] 纺织工业形势分析课题组. 纺织工业：亟须化解产能过剩 [J]. 中国经济和信息化，2014 (23)：88-93.

[③] 张玲斌. 纺织行业产能过剩分析及措施 [J]. 经营管理者，2010 (12)：216.

[④] 行业发展陷入困境 业内呼吁完善钢铁流通业标准体系 [EB/OL]. 中国证券报，中国商务网，http：//www.chinaccm.com/24/20150310/2401_2505540.shtml. [2015-03-10].

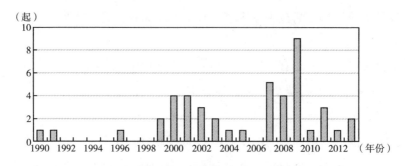

图 4.2 1990～2013 年美国对中国钢铁反倾销调查数量

资料来源：姚瑾，汪五一，刘鹏. 中美钢铁贸易摩擦的原因、影响及对策分析［J］. 对外经贸，2014（12）：4－8.

区在 2013 年向欧洲出口价值 6.2 亿欧元（4.55 亿美元）的冷轧不锈钢，在整个市场中有 17% 的占比。投诉称，这些产品是以不公平的低价格出售到欧洲的），在经过调查后决定，对来自中国大陆的相关产品征收 24%～25% 的反倾销关税，对来自台湾地区的相关产品征收 11%～12% 的反倾销关税。国际钢铁协会和世界贸易信息服务股份公司（GTI）的数据显示，2014 年，中国的钢铁消耗量仅增长 1%，2015 年增速会降至 0.8%。从以上数据来看，中国钢铁的发展已经遇到很大的困难。不仅是中国，全球钢铁产业现在面临的主要挑战之一也是产能过剩。因此，中国钢铁产业的调整也是刻不容缓的问题。综合我国钢铁贸易遇到的问题，主要表现为以下三个方面。一是金融危机后不断受到贸易救济调查的影响，例如，大部分反倾销和反补贴调查的结果，中国都被课以高额的反倾销税。二是钢铁出口结构多为低附加值的产品，钢铁产能过剩，没有形成规模经济，影响产业发展。三是中国铁矿石依存度不断上升，使钢铁生产的成本受到主要供应商的控制，导致钢铁贸易的最终销售利润较低。[1]

4.1.1.4 跨区域产业价值链建设亟待有序高端化发展

不仅工业化进程差异导致的区域生态协调功能的差异在不同地区表现显

---

[1] 孟东梅，左鹏，姜延书. 我国钢铁业贸易困境及解决对策［J］. 学术交流，2014（1）：82－86.

著，而且由于各地区没有形成良好的分工协作关系，经济联系也不密切，跨区域产业价值链的建设与完善也受到了影响，此外，不完善和低级的产业链也影响开放型经济建设的环境，影响企业的成长步伐。

当前国际市场上的竞争，不是表现为单一企业间的竞争，而是产业链的竞争。一个企业的崛起与发展，它与上下游企业之间存在密切的联系，产业链的发展是处于一个动态的过程中，不同区域产业链的发展状况决定了各区域的经济发展状况，产业链是带动经济发展的重要纽带。但是多年来，各地区都是相互独立发展，没有形成良好的分工协作关系，这使不同区域在协同发展中存在各种"壁垒"，如文化、区域政策等方面的"壁垒"，产业在各地区发展水平也存在差异，这些都影响了中国产业链的高端化发展。以 2013年各地区移动通信手持机、微型计算机和集成电路的产量为例，详见表 4.7，不同经济水平地区的产量存在明显差异，北京这三种产品产量依次为 18716万台、1141 万台、37.40 亿块；辽宁为 2715 万台、0.20 万台、0.10 亿块；江苏为 3019 万台、7520.7 万台、285 亿块。仅这三个地区，就可以明显看出，各地区产业在某些产品的生产能力方面是存在差异的，各地区的产业特色和优势也存在不同。

表 4.7　　　　　　　2013 年各省区市部分产品产量表

省区市	移动通信手持机	微型计算机	集成电路
	（万台）	（万台）	（亿块）
北　京	18716.70	1141.10	37.40
大　津	10336.30	1072.20	9.60
河　北			0.30
山　西	2387.60		
内蒙古			
辽　宁	2715.00	0.20	0.10
吉　林			
黑龙江		3.50	2.80
上　海	4384.90	8101.30	161.40
江　苏	3019.60	7520.70	285.60

省区市	移动通信手持机	微型计算机	集成电路
	（万台）	（万台）	（亿块）
浙　江	987.80	164.30	49.89
安　徽	1.10	671.80	
福　建	3841.80	1284.80	0.50
江　西	5513.40	7.70	
山　东	5096.70	22.40	4.90
河　南	9720.70		
湖　北	714.80	97.90	
湖　南	87.50	34.70	0.05
广　东	73672.29	2028.68	181.80
广　西			
海　南			
重　庆	3545.70	5593.50	
四　川	814.40	5916.20	40.40
贵　州	4.70		0.20
云　南			
西　藏			
陕　西			
甘　肃			91.60
青　海			
宁　夏			
新　疆			

资料来源：《中国统计年鉴2014》，以上空白处数字欠缺。

在当前环境污染亟待快速治理、区域需要协同发展的背景下，产业链高端化发展需要突破区域阻碍，实现局部地区产业能够将目前存在的不同区域产业"断层""梯度差异"等问题消除掉，以便更好地建设经济和环境双赢的现代产业体系。

综合以上的研究，可以看出，中国现行的产业体系发展遇到了困境，一些行业产能过剩、产业亟待生态化发展、污染亟须解决等问题都迫使中国产业在发展中寻找新的经济引擎，改变高投入、高能耗和低效益现状，这就为战略性新兴产业的提出和发展提供了契机，战略性新兴产业发展将引领中国产业向社会效益、经济效益和生态效益等多赢的方向前进。我们迫切需要进行产业体系的整体转型，发展战略性新兴产业；需要构建面向未来的现代产业体系，需要对此进行认真科学的研究。①

4.1.1.5　部分重要资源主要依赖进口，影响产业发展

以钢铁产业为例，随着我国经济快速发展，钢铁产业的迅速升温，铁矿石作为钢铁生产的必备材料，它的价格波动直接影响钢铁产业发展与国民经济的建设。虽然近年来，铁矿石价格涨跌不定，但整体价格一直处于高位运行状态，这严重影响了钢铁企业的健康发展。

中国不仅是全球最大的铁矿石进口国和消费国，同时也是全球最大的铁矿石现货交易市场。2009 年，我国全年进口铁矿石 6.2 亿吨，铁矿石对外依存度为 69%，2010 年下降到 63% 左右。2011 年，全国矿产品对外贸易进出口总额 9571 亿美元，同比增长 34.3%。其中，进口额同比增长 34.5%，出口额同比增长 33.9%。铁矿石对外依存度 56.4%。虽然我国铁矿石的对外依存度有所下降，但是我国对铁矿石的对外依存度依然保持较高水平，而且铁矿石的采购成本持高不下，这严重影响了钢铁产业的发展。②

除了铁矿石出口存在垄断的原因外，近年来，各国相继调整铁矿石的出口政策，也影响了铁矿石的出口成本，中国在进口铁矿石方面应采取一定的策略，逐渐增强在铁矿石贸易中的优势。

4.1.2　产业生态化发展，亟待发展战略性新兴产业

在有限资源的束缚下，生态经济的发展要求产业在发展中要将生产要素优化组合，尽可能降低污染物的排放，各区域在生态经济产业的发展中，需要借鉴国外成功的经验与措施，立足国内产业的发展状况，把握污染物的产

---

① 芮明杰. 战略性新兴产业发展的新模式 [M]. 重庆：重庆出版社，2014：2 - 3.
② 陈甲斌. 金融危机背景下中国铁矿资源的思考 [J]. 矿业研究与开发，2010（1）：111 - 114.

业分布特点，采取科学合理的措施，才能够促进生态经济产业的快速发展，加快生态经济建设的步伐。

经济活动离不开自然资源，而自然资源分为可再生的和不可再生的，无论是哪一种，都会受资料有限性的约束，有些情况下，一种类型的自然资源可以用另一种类型的自然资源代替，但是通常情况下，一旦某种资源消失了，就没有可替代的资源了。因此，自然资源必须被人们管理和保护，延长自然资源的潜力，尽可能在经济活动中减少对环境的破坏。因此，在促进各区域协同发展的过程中，我们也需要积极推动各区域生态经济产业的协同发展，以促进生态经济产业发展，推进各区域生态经济建设。

促进生态经济符合科学发展观的要求。生态经济是指在保护环境的前提下，实现资源的最优配置，把生态学的思想与研究方法引入经济学的研究之中，它涉及生态、经济与社会三大方面，综合考虑人口、技术、法律和伦理等多项因素，以期实现在生态系统承载能力范围内人类生产活动的可持续、人类与自然的和谐发展，它是一个全新的人类社会发展模式。① 从生态学研究来看，我们的任务是研究生物之间和生物与其生存环境之间的关系，以期实现对生态环境保护和改造，达到人类社会可持续发展的目的。从循环经济发展来看，是要建立一种最大限度利用资源和保护环境的全新经济模式。② 以生态经济发展和循环经济的视角研究不同的产业，将生态学的原则渗入人类的生产经济活动中，将循环经济的思想融入产业生产发展中，用生态学的理论与循环经济观点对产业进行分类，按企业满足社会可持续发展的要求，可以分为两大类。

第一，生态经济视角下的可持续发展产业即生态经济产业，具体可以包括以下产业。一是，自行车制造业。自行车因为没有污染，不产生噪声，停放时占用空间少，而且在没有多少时间运动的社会中给人们提供了十分需要的运动机会，因此，从生态视角来看这个产业会变得越来越普遍。二是，太阳能电池制造产业。太阳能电池是解决缺电难题的最佳选

① 徐立新. 论生态经济及其发展 [J]. 商业研究, 2005 (330): 106 - 107.
② 舒建玲，杨艳琳. 以生态产业推动我国循环经济的发展 [J]. 生态经济, 2012 (6): 136 - 139.

择。三是，轻轨铁路的建设与使用。由于人们对汽车引起的交通拥挤和污染已经厌倦，各个国家会不约而同地转向修建轻轨铁路以方便人们出行。四是，氢气生产产业。因为以碳为基础的经济类型向以氢气为基础的经济类型转变，煤炭和石油将为氢气所取代，所以制氢业将会变成一个大行业，等等。由此可以看出，生态经济产业主要是从环境保护和突破有限资源约束的角度被划分出来的，它们的生产与发展既注重产业的清洁生产、节能降耗，又重视产业循环经济的发展，它的产业结构、消费结构、技术结构符合可持续的要求，遵循"整体、协调、循环、再生"的原则，能与生态发展相协调。[①]

第二，生态经济视角下的夕阳产业，一是石油开采业。基于石油储量日益减少这一趋势，预测表明，在今后的 5～20 年石油产量将达到顶峰并开始逐年减少，石油开采业会随着石油能源数量的减少，产业的可持续性受到威胁，不仅如此，石油能源被利用后会产生环境污染物，阻碍生态环境的可持续发展。二是不可循环产品的制造产业。人们努力投入到循环产品的研发和使用中，未来许多用后即弃型的产品将会被禁止或通过税负而扼杀或淘汰。在生态经济视角下划分出夕阳产业，它们的特点是从自然界获取资源进行生产，但却将污染物、有害物质抛回大自然，它们的发展特征以牺牲生态资源为代价，不能实现生产的良性循环。

总而言之，产业生态化建设可以实现经济与环境和谐发展，通过规划产业体系，把握自然生态系统物质循环规律，优化产业生态链，建立"资源—产品—再生资源"的循环经济模式。与其他产业相比，战略性新兴产业在产业发展思路、资源利用和环境保护等方面，更符合生态学原则，创建的是一个可持续的经济发展模式。未来产业的发展不能仅仅重视规模与收益，还应该符合生态经济的规律，为实现产业的可持续发展，需要兼顾生态保护问题，在产业的发展中必须要重视生态、绿色和循环问题，这就需要大力促进产业生态化的发展，而战略性新兴产业的发展恰恰符合产业生态化发展的要求，中国亟待快速发展战略性新兴产业。

---

① 孟凯. 生态省建设与生态产业发展［J］. 农业系统科学与综合研究，2005（2）：75－77.

4.1.3　战略性新兴产业外向发展的国际背景

在各国竞相争夺未来经济制高点的形势下，在全球经济失衡的背景下，发达国家与中国的贸易摩擦会日益增多，各种形式的贸易保护手段也会不断变化。中国战略性新兴产业的发展面临着机遇与挑战。对于我国战略性新兴产业的发展而言，战略性新兴市场还不够成熟，国内有效的市场需求没有被调动出来，企业的发展规模还比较小，在国际市场竞争中，绝大部分企业还不具略显性竞争优势，战略性新兴产业发展为国民经济的支柱产业还需要一段时间努力，在现阶段更需要政府的扶持和促进，在面对国际市场风险中，更需要积极审视国际环境，重视主要贸易伙伴国政策变动。在全球经济失衡下，需要对中国战略性新兴产业所面临的影响进行全面分析，帮助企业对客观风险进行有效评估，以保障企业平稳有序的发展。

4.1.3.1　全球经济失衡背景下各国处于深度结构调整中

2008 年，美国次贷危机迅速蔓延到整个世界，导致全球性的金融和经济危机，成为世界经济发展的一个重要转折点，标志着世界经济一轮黄金增长期结束，开始进入一个较长时间的综合调整期。专家提出，全球经济失衡昭示着参与全球经济的世界各国的国内经济都处于失衡状态。纠正全球经济失衡应该是世界上所有国家的共同责任。治理全球经济失衡问题，需要在更广泛的国际合作基础上，建立有效的金融监管框架。对于中国而言，在当前国际经济背景下，中国对外贸易将保持长期顺差，外汇储备规模还会不断增大，国内储蓄大于国内投资，流动性相对过剩。这意味着中国经济要纠正内外失衡，既要深入调整经济结构，又要全面调整发展战略。全球经济失衡导致中国与美国等西方发达国家贸易摩擦增多，西方国家通过加强贸易保护来限制中国产品的进口，这导致中国经济发展的外部环境恶化。

中国社会科学院发布的《世界经济黄皮书》指出，2011 年全球经济失衡现象持续，G20 的全球经济再平衡工作取得进一步发展。世界经济不平衡问题由于其长期性、破坏性以及各国政策协调的复杂性，在 2011 年 G20 全球治理平台上成为贯穿全年的热点议题之一。但是，在全球经济失衡背景下，国际经济环境复杂多变，全球经济仍处于深度结构调整之中，逐渐受到影响的是高污染和高排放的产业，而金融危机爆发恰恰给中国产业结构调整提供了难得的机遇，中国可以利用这个时机，调整战略，科学进行产业定位与促进产业结构优化，通过扶持战略性新兴产业的快速发展，抢夺先机，大幅提高国际影响力和改善在世界经济格局中的地位。

4.1.3.2　发达国家经济缓慢复苏，进口需求下降

国际金融危机以来，全球经济仍处于震荡调整期。发达国家经济目前正处于不均衡复苏状态，总体仍未摆脱衰退迹象。2012 年，发达国家与新兴市场国家均呈现出增长率下滑的态势，创下了过去三年复苏进程的最低点。2013 年全球经济总体形势略好于 2012 年，但发达国家和发展中国家经济增长走势反向而行，使整体经济表现仍呈现缓慢复苏的基本态势，全球经济下行风险并未完全消除。2015 年，受有效需求普遍不足、大宗商品价格大幅下滑、全球贸易持续低迷、金融市场频繁震荡等不利因素叠加影响，世界经济增速低于预期。在美日英等发达国家政策调整效果开始有一定显现的情况下，受发达国家经济政策溢出效应的负面影响，加上自身经济的脆弱性，新兴经济体却面临着经济增长放缓、通胀高企的挑战。国内信心不足、消费不旺、发达国家等进口需求下降及部分出口商品价格走低都影响经济增长。

4.1.3.3　各国积极推动战略性新兴产业发展

从国际社会来看，2008 年全球金融危机后，全球产业体系发生了巨大变化，各国经济发展都受到经济危机不同程度的影响，面对资源有限性束缚、全球经济失衡、经济不景气等问题，很多国家都迫切需要选择新的增长引擎，优化本国产业结构。随着科学技术的飞速发展，新一轮科技革命与产业革命又正在孕育爆发，在能源、资源、信息、先进材料等关系现代化进程的战略领域里，一些重要科学问题和关键技术发生革命性突破的先兆已经显现。不仅是中国现行产业体系的弊端逼迫必须推进战略性新兴产业发展，其他很多国家也需要积极发展新兴产业，争取在国际分工中抢占先机，提升国

家竞争优势。

美国、日本、英国、德国和韩国等一些国家，为了加强实体经济，扭转经济低迷局面，竞相发展战略性新兴产业，各国分别通过法制、政策和科研合作等多种方式与途径积极推进新兴产业的科技成果转化，不断加大各种支持措施的力度。图 4.3 是美、德、日、英、韩、中六国重点发展的新兴产业领域的对比情况，虽然各国都优先发展节能环保、新能源等产业，但每个国家都是根据产业基础与创新体系特点选择了不同的重点发展领域，例如，韩国更重视新一代运输设备，日本、德国、美国和中国都支持汽车产业。总之，推动战略性新兴产业的发展已经成为全球发展的趋势，各国都非常注重战略性新兴产业的发展速度与质量。

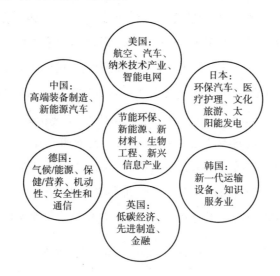

图 4.3　美、德、日、英、韩、中六国重点发展的新兴产业领域对比

资料来源：高雪莲. 战略性新兴产业政策的全球趋势 ［J］. 黄河科技大学学报，2014（1）：40 – 44.

4.1.3.4　美国等发达国家经济波动明显，影响对外贸易

透视经济波动，美国政府是根据本国在国际市场竞争中的力量强弱交替运用贸易保护和自由贸易两种政策主张。在经济衰退阶段，贸易保护主义倾向尤为明显。美国贸易政策的根本目标是增强美国的国家利益。美国贸易保

护政策的变化，实质上揭示了美国经济实力与国家竞争力相对下降的客观事实。

　　20 世纪 90 年代以来，美国经济波动增长期延长，美国经济主要呈现"一高三低"现象，高增长，低通胀，低失业，低赤字。进入 21 世纪，美国的通胀率仍然保持在较低的水平，2001～2004 年，这一数字分别为 2.8%、1.6%、2.3% 和 2.7%。2008 年以来，受次贷危机的影响，美国的经济增长出现明显的下滑，失业率不断攀升。2007 年初，美国暴发"次贷危机"，受次贷危机的影响，2007 年第四季度以来，美国经济增长有所放缓，第四季度 GDP 按年率计算下降 3.8%，创 1982 年第一季度以来的最大跌幅，而其失业率冲高至 7.2%。美国往往会对进口渗透较大、国内境况较差的行业，实施反倾销肯定裁决。而中国对外出口的某些商品在一些国家中相对进口渗透率比较高。例如，中国对欧盟、美国、印度等一些国家和地区在某些商品（如金属及金属制品（包括钢材）等）和服务等出口方面一直保持顺差，并且在其国家消费中占有一定的比重，所以中国成为贸易保护主义目标的可能性也就越大。

　　据中国驻欧盟使团经济商务参赞处的统计，欧盟对华贸易经济调查近 3 年来数量保持在每年 7 起左右，并呈现出一些新的特点。据欧委会《中国—欧盟经济与贸易关系》报告，贸易摩擦最频繁的五大行业为化工业、轻工业、冶金工业、机械工业和电子工业。并且涉华贸易纠纷金额日益增大。以光伏"双反"案（反倾销和反补贴）为例，涉案金额高达 210 亿欧元。近些年，欧委会一直试图推动成员国同意其 2013 年提出的贸易保护体系改革方案。该方案要求将反倾销和反补贴调查程序由 9 个月缩至 7 个月，在特定情形下不使用"低税原则"，裁定超高税率。2018 年 1 月 23 日，美国宣布将对进口太阳能电池和太阳能板以及大型家用洗衣机征收临时性关税，3 月 8 日宣布将对进口钢铁和铝分别课以 25% 和 10% 的重税。3 月 23 日宣布暂时豁免对欧盟、阿根廷、澳大利亚、巴西、加拿大、墨西哥、韩国等经济体的钢铝关税至 5 月 1 日，此贸易制裁意图明显与中国有关。

4.1.4 外汇储备持续增强，导致人民币升值压力增大

中国不断增长的贸易顺差和快速积累的外汇储备成为研究世界经济不平衡内容的重要组成部分。中国外汇储备的规模持续增大，美国国债一直占有最大比重，但是，多种因素导致美国国债持有的机会成本增大，甚至持有安全性受到质疑，中国是否会大幅减持美国国债，尤其是减持美国国债的数量及可能产生哪些影响等，引起了国内外政府和学者的关注。在国与国联系日趋紧密的时代，中国一旦大幅变动外汇储备资产的结构，所带来的影响，不仅涉及本国，还可能带来连锁效应，影响全球经济的发展，利与弊的结果不能准确地进行估测。

和许多发展中国家一样，中国在外汇储备管理方面也陷入了"斯蒂格利茨怪圈"，一方面，以较高的利率从发达国家引进过剩的资金；另一方面，这部分资金却通过购买美国国债或其他低回报率资产的方式流回发达国家，形成了一种失衡的国际资本循环方式。自 2001 年中国加入世界贸易组织以来，中国外汇储备呈现快速增加，2006 年以来，外汇储备开始以年增长超过 3000 亿美元的速度快速增加，2006 年中国外汇储备规模超过 1 万亿美元，2009 年超过 2 万亿美元，2011 年超过 3 万亿美元。[①] 但是，美国国债等低收益率资产在外汇储备中所占的比重最大，仅从美国国债来看，2012 年 12 月～2013 年 12 月，美国国债占外汇储备的平均比重为 35.63%，从外汇储备的增长和美国国债的比重变化来看，外汇储备呈现递增的趋势，而美国国债的比重大体呈现下滑的势头。

从美元兑换人民币的价格来看，它与中国外汇储备规模存在的是负相关关系，外汇储备持续增强，直接导致人民币的升值压力增大，如果人民币升值，会给中国商品的出口带来直接的成本压力，也必然会影响产业的外向发展，其中，也会影响战略性新兴产业的外向发展。

---

① 邵彦敏. 减持美债：跳出"斯蒂格利茨怪圈"的选择 [J]. 社会科学辑刊, 2015 (1)：84-89.

4.2

战略性新兴产业的提出与主要特征

面对中国高排放、高能耗的产业发展现状，需要加快构建可持续发展的、具备高效低碳特点的现代产业体系。构建现代产业体系需要积极促进经济发展方式转变，提升产业的国际竞争力，加强产业的创新能力。战略性新兴产业的提出为产业结构优化调整注入了新的动力，在加快构建开放型经济体制的同时，战略性新兴产业的提出，为中国由"制造强国"转变为"创造强国"增加了强有力的支撑因素。自 2009 年起，中国已是世界第一制造大国，世界 500 种主要工业品中，中国有 220 种产品产量第一，占比达44%。中国产业亟须通过创新做大做强，淘汰落后产能，促进相关产业良性互动发展。① 战略性新兴产业既体现了经济领域的产业发展方向，又体现了一个国家全局性的发展战略，它的发展将引导其他产业朝特定方向快速发展，它本身具有很强的先导性和引领性的特点，而且它的技术性和扩张性是其他产业无法比拟的，该产业具有巨大的市场潜力与拓展能力。例如，太阳能有关的产业，根据各国在哥本哈根世界气候峰会对发展太阳能发电的目标之承诺，2010~2020 年，欧盟、美国、中国、印度的太阳能电池发电量分别增加 40 倍、233 倍、150 倍和 200 倍。可见，战略性新兴产业市场发展前景广阔，发展速度快，利益空间很大。金融危机后，我国也顺应产业发展和经济转型发展的要求，积极重视战略性新兴产业的扶持与发展。

4.2.1　中国战略性新兴产业的范畴界定

各国都根据本国的经济发展水平，制定了战略性新兴产业的发展范围，我国也根据产业发展的需要，对战略性新兴产业的范围进行了确定。

---

① 魏际刚. 加快构建现代产业体系 [J]. 银行，2014（7）：19－21.

4.2.1.1 战略性新兴产业的内涵

只有在重大前沿科技取得突破的基础上，起到引领未来科技和产业发展新方向的作用，才会被纳入战略性新兴产业的范畴。战略性新兴产业的选定对中国产业结构调整和高级化的发展起着重要的作用，它是根据我国的产业发展实际情况、现有的经济技术发展水平和未来的经济技术发展所设计确定的，战略性新兴产业的范畴会随着经济和技术的发展而发生变化，新兴体现了产业刚处于起步或成长期，而战略体现了产业的先导性、倍增性和辐射性等特点。战略性新兴产业代表着当今世界科学技术发展的前沿与方向，它具有广阔的市场发展前景和产业带动效应，事关产业的国家安全和经济社会的发展布局。

4.2.1.2 战略性新兴产业的提出与界定

2009 年 2 月，国务院正式推出"十大产业振兴规划"，主要产业包括新能源、生物、新材料、信息等战略性高新技术产业。同年，科技部先后制定了《关于发挥国家高新技术产业开发区作用，促进经济平稳较快发展的若干意见》，发布了《国家技术创新工程总体实施方案》，通过多种措施来支持企业进行科技创新。

2010 年 10 月，在《国务院关于加快培育和发展战略性新兴产业的决定》（简称"决定"）中，对我国战略性新兴产业的范围进行了界定，结合中国国情和科技、产业基础，现阶段重点培育和发展节能环保、新一代信息技术、生物、高端装备制造、新能源、新材料、新能源汽车七大产业。这些产业在我国具备一定的比较优势和广阔的发展空间。随着战略性新兴产业范围的正式确定，相继更多的鼓励这些产业发展的措施也会陆续出台。2011年，中央财政设立了战略性新兴产业发展专项资金。2015 年，工信部将加大各试点示范城市新能源汽车充电基础设施的建设支持力度。在国家政策大力支持下，战略性新兴产业的发展应该逐渐成为促进我国构建现代产业体系、优化产业结构和经济发展转型的重要力量。

《2017 中国战略性新兴产业发展报告》认为，"十三五"期间的战略性新兴产业将划分为网络经济、生物经济、高端制造（包括高端设备制造与新材料）、绿色低碳（包括新能源、新能源汽车、节能环保）、数字创意五大领域及其八大产业。

4.2.2　战略性新兴产业与传统产业间的差异

战略性新兴产业对于经济的引领和产业结构的优化调整具有很强的促进作用，它是以重大技术突破和重大发展需求为基础迅速发展起来的，这是属于能耗少、潜力大、经济效益和社会效益兼顾的产业。战略性新兴产业的发展将会对推动新的技术革命起到关键作用，与传统产业相比，它具有一定的自身特点。

按照产业经济学的结构—行为—绩效（SCP）范式分析方法，将战略性新兴产业与传统产业进行比较，见表4.8。整体而言，传统产业主要通过规模经济来实现一般利润，而战略性新兴产业可以通过技术升级和不断创新获得超额利润。战略性新兴产业的特征具体可以概括为以下几方面。

表4.8　　　　　　　　　　**战略性新兴产业与传统产业SCP比较**

内容	战略性新兴产业	传统产业
代表产业	新能源、节能环保、电动汽车、新材料、新医药、生物育种和信息产业等	纺织业、服装业、机械零件、建筑等
基本特征	体现国家的战略政策，具有先导性、支柱性等特点，市场需求前景广阔，产业辐射和带动效应强	投资少，收益回笼较快，生产技术较为成熟，综合竞争能力不强
结构	科技研发能力强，具备核心的技术，科技、知识是企业创新发展的主要内在决定因素	科研投入少，研发能力强，劳动力和资本是企业规模扩张的主要内在决定因素
行为	技术创新层次高，无形资产投入强度大，主要依靠政府战略性扶持政策成长起来，具有很强的技术外溢性	技术创新空间和强度较小，对相关产业的技术具有依赖性，技术外溢强度小，主要依靠固定资产投资促进企业发展
绩效	市场竞争能力强，可以通过获取战略地位实现超额利润，社会效益和经济效益显著	市场竞争力弱，可以通过规模经济获取利润，但收益呈现递减趋势

第一，具有很强的先导性和创新性。战略性新兴产业在发展过程中，代表了技术和产业的发展新方向，它自身具有很强的创新特点，在知识、人力资本、技术等助推创新发展的诸多要素的集聚下，该产业可以以高于传统产业一倍或多倍的速度迅速发展，它的发展有利于产业生态化，有利于提高经济效益与社会效益等多种效益。战略性新兴产业的发展可以通过产业间的互动、技术溢出等方式带动其他产业共同提升生产效率，优化资源配置，引领其他产业共同向高效、低耗的方向发展，将积极创新的理念更加深入产业内部。这些产业不仅有利于我们生产方式的转变，还有利于我们生活方式的转变。

第二，战略性新兴产业具有竞争优势可持续发展的特点。战略性新兴产业的发展主要是适应了市场对高科技、高效率产品的需求，符合资源有限约束下，生态化、经济和社会可持续发展的要求。随着技术的深化升级，该产业将发挥强大的创造市场的潜力，能够高效地吸收创新成果，提升产业核心技术，在产业成长的不同阶段形成代表先进技术与理念的动态竞争优势，它的经济效益可以实现长期性的递增，随着时间的经济效果和动态规模经济性作用，该产业的长期平均费用曲线将向下倾斜；该产业经过一段时间保护和扶植之后，其产业竞争力能够不断增强，最终成长为具有国际竞争优势的产业。战略性新兴产业可以实现高效的资源利用率，体现循环的经济发展模式，实现环境友好型清洁生产。

第三，战略性新兴产业的发展与许多产业具备较强的关联性。通过技术的跨界融合，对相关产业进行一系列拉动，具体可以体现在创造就业机会、提高社会消费水平、改善国家贸易条件、提升国际竞争力等诸多方面，最终促进国家产业总体竞争地位提升，竞争力增强。战略性新兴产业的发展将新的技术应用于传统产业，促进传统产业转型升级，通过节能技术、新能源等的使用，加快转变传统产业原有的发展模式，实现资源循环利用，竞争力不断提升。

第5章

中国战略性新兴产业的政策取向与效果

战略性新兴产业的范畴本身就是一个动态的概念，它会随着产业结构调整和经济发展水平变化等而作出调整，当前，各国根据实际国情选择了各自的战略性主导产业。中国发展战略性新兴产业的定位也考虑了现实产业基础、技术条件等多方面因素，战略性新兴产业也具有自身的发展规律，中国在进行支持政策的选择与组合过程中，应该与战略性新兴产业的发展规律相结合，立足中国战略性新兴产业与国外同产业的差距，侧重中国产业的比较优势，有步骤、有策略地扶持中国战略性新兴产业的快速发展。

5.1

国家支持战略性新兴产业发展的重要举措与整体效果

5.1.1 战略性新兴产业发展的政策推动力

为扶持战略性新兴产业发展，促进我国经济顺利转型，2009年10月底，国家发改委和财政部资助创办了第一批规模高达92亿元的创投资金。2009年12月23日，中国人民银行、银监会、证监会和保监会发布了《关于进一步做好金融服务支持重点产业调整振兴和抑制部分行业产能过剩的指导意见》，对于符合重点产业调整振兴规划要求、符合市场准入条件、符合银行信贷原则的企业和项目，要及时高效地保证信贷资金供给。对于不符合产业政策、市场准入条件、技术标准、资本金缺位的项目，不得提供授信支持。希望通过金融政策支持战略性新兴产业的发展，压缩传统产业的过剩产能。

5.1.1.1 财政与金融政策

2010 年 10 月，《国务院关于加快培育和发展战略性新兴产业的决定》明确提出，抓住机遇，加快培育和发展战略性新兴产业；强化科技创新，提升产业核心竞争力；积极培育市场，营造良好的市场环境；加大财税金融政策扶持力度，引导和鼓励社会投入；推进体制机制创新，加强组织领导。国务院各有关部门、各省（区、市）人民政府要根据本决定的要求，抓紧制定实施方案和具体落实措施，加大支持力度，加快将战略性新兴产业培育成为先导产业和支柱产业，为我国现代化建设作出新的贡献。[①] 该决定为中国战略性新兴产业的发展指明了方向，也为战略性新兴产业的发展提供了前所未有的契机。

近年来，各地财政部门积极发挥财政职能作用，加大资金扶持力度，创新资金投入方式，完善资金绩效评价制度，大力支持战略性新兴产业发展，详见表 5.1。

表 5.1　　　　　　部分地区大力支持战略性新兴产业发展的财政政策

地区	支持战略性新兴产业发展的政策
北京	北京市第二批拟设立的新材料、软件与信息服务业两支创业投资基金方案获得国家发改委、财政部批复。加上之前已设立的电子信息、生物医药、新能源与环保、高技术服务业四支创业投资基金，截至 2011 年 10 月，北京市已有 6 支新兴产业创投基金获批，基金总规模将达到 15 亿元
福建	积极推动新能源建设项目与中央扶持政策的对接，密切跟踪财政扶持新能源项目建设，支持生物质能源、太阳能、风能、秸秆能源化等新能源产业发展，加大关键技术研发扶持力度，促进产业技术成果转化

① 国务院关于加快培育和发展战略性新兴产业的决定［EB/OL］. 中央政府门户网站，ht-tp：//www.gov.cn/zwgk/2010－10/18/content_1724848. htm.［2010－10－18］.

续表

地区	支持战略性新兴产业发展的政策
黑龙江	2011 年，省级财政共计安排基础设施产业项目资金 72.5 亿元，产业发展专项资金达到 18.5 亿元，同比增长 39.8%，重点用于新兴产业项目建设。其中，经济结构调整专项资金 7 亿元，主要用于发展新兴产业；新型工业化、高新技术产业专项资金 3.1 亿元，重点支持传统优势产业技术改造和技术创新、产学研联合及高新技术产业化项目
安徽	2010 年和"十二五"期间每年安排 5 亿元设立省级战略性新兴产业发展引导资金，共计投入 50 亿元支持安徽省战略性新兴产业加快发展
广东	广东省设立战略性新兴产业核心技术攻关专项资金，2011～2015 年五年内统筹安排 30 亿元，采用竞争性扶持方式，无偿补助战略性新兴产业核心技术攻关、重大核心装备研制等
山东	综合运用技改补助、品牌奖励、出口扶持等政策，对列入"8515 工程"的 100 户战略新兴产业企业加以重点培育。安排专项资金支持园区建设和企业技术改造、成果转化，在税收、土地和经费等政策方面给予适度倾斜

资料来源：中华人民共和国财政部，http：//www.mof.gov.cn.

2011 年，中央在"十二五"规划纲要中提出要培育发展战略性新兴产业的要求。2011 年 11 月 28 日，工信部出台了《物联网"十二五"发展规划》，提出要打造 10 个产业聚集区，扶持 100 家骨干企业，推进 9 个领域的示范工程。2011 年 8 月，财政部、发改委发布了《新兴产业创投计划参股创业投资基金管理暂行办法》，其中，新兴产业创投计划是指中央财政资金通过直接投资创业企业、参股创业投资基金等方式，培育和促进新兴产业发展的活动。

2012 年 7 月 9 日，国务院向全国印发了《"十二五"国家战略性新兴产业发展规划》，将新兴产业锁定在节能环保、新一代信息技术、生物、高端装备制造、新能源、新材料、新能源汽车等。2012 年，中央财政安排战略性新兴产业发展专项资金以及产业技术研发资金，重点支持新兴产业技术升级改造。

5.1.1.2　科技政策

2012 年，《关于加强战略性新兴产业知识产权工作的若干意见》指出，战略性新兴产业创新要素密集，投资风险大，发展国际化，国际竞争激烈，对知识产权创造和运用依赖强，对知识产权管理和保护要求高。积极创造知识产权，是抢占新一轮经济和科技发展制高点、化解战略性新兴产业发展风险的基础；有效运用知识产权，是培育战略性新兴产业创新链和产业链、推动创新成果产业化和市场化的重要途径；依法保护知识产权，是激发创新活力、支撑战略性新兴产业可持续发展、形成健康有序市场环境的关键；科学管理知识产权，是充分运用国内国外资源、提升战略性新兴产业创新水平、发挥创新成果市场价值的保障。[①] 2013 年 8 月，由科技部等有关部门论证和起草的"国家重大科技专项引领战略性新兴产业发展"专题报告，已得到高层认可。由此，这一政策举措将成为国家支持战略性新兴产业发展的重大战略。与此同时，新材料、航空发动机与燃气轮机、页岩气三个备选专项也已上报国务院，这说明科技支持战略性新兴产业的政策框架成型。[②]

5.1.1.3 其他政策

对战略性新兴产业的其他支持政策还包括人才政策、国际化政策等。从人才政策来看，绝大多数地区都结合当地的产业基础与实际情况，陆续出台了差异化的人才培养与支持政策。2011 年，安徽合肥市加快编制《合肥市战略性新兴产业发展规划》和《合肥市战略性新兴产业人才开发规划》，为制定产业发展的人才支持政策提供依据，优化人才环境和就业环境，为合肥市高校服务社会发展调整办学结构提供了明确的指南。2012 年，深圳决定要实施战略性新兴产业人才支持计划，聚集和培育生物、新能源和互联网等行业创新型人才。按照"项目＋人才"模式，依托科研项目引进和培养人才，以人才支撑项目，实施科研项目与人才一体化配套政策（见表5.2）。

---

① 田力普. 下一代创造力将属于中国 ［J］. 中国科技财富，2013（3）：40.
② 方家喜. "专项引领新兴产业"获高层认可 ［N］. 经济参考报，2013 – 08 – 30.

表5.2   各地人才保障政策措施

政策措施	实施地区
对战略性新兴产业创新人才予以资助	深圳、四川、江苏、宁波
建立专业人才库和专家库	深圳、济南、湖南、太原
"三站一中心"（企业研究生工作站、企业博士工作站、企业院士工作站和企业技术中心）	黑龙江、太原、济南、青岛、西安、内蒙古、新疆、湖北、湖南、安徽、浙江、江苏、深圳、广州、厦门、云南
高端人才、海外学子、高端智力柔性引进等计划	北京、天津、黑龙江、辽宁、济南、西安、内蒙古、四川、湖北、浙江、深圳、江西、江苏、云南
校企合作培养专业人员（产学研）	北京、上海、黑龙江、太原、济南、西安、内蒙古、湖南、安徽、江苏、深圳、上海、厦门、甘肃、新疆、贵州、浙江
人才培养（实训）基地	黑龙江、浙江、江苏
科技创新人才与现代经营管理专家高端嫁接	湖南
企业家培训	甘肃、江西、江苏
技术参股、知识产权入股	贵州、浙江、湖南

资料来源：肖兴志. 中国战略性新兴产业发展报告2013 – 2014［M］. 北京：人民出版社，2014：40.

5.1.2 战略性新兴产业发展的经济贡献度

2010 年 11 个地区战略性新兴产业增加值占比表明北京、广东、浙江和江苏等地区战略性新兴产业发展取得了一定的成效，其余地区战略性新兴产业的发展相对缓慢。[①] 如图 5.1 所示，从整体来看，各地区战略性新兴产业的发展水平参差不齐，广东与江苏省的战略性新兴产业发展水平明显高于其他地区。

2014 年上半年，新一代信息技术、新能源、生物医药等战略性新兴产业发展形势良好。信息消费规模达到 1.34 万亿元，同比增长 20%。2014 年

---

① 吴宇晖，付淳宇. 中国战略性新兴产业发展问题研究［J］. 学术交流，2014（6）：93 – 97.

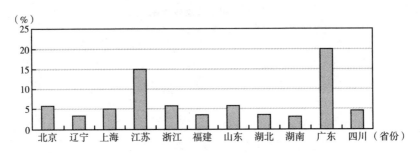

图5.1　2010年11个地区战略性新兴产业增加值占比情况

资料来源：吴宇晖，付淳宇．中国战略性新兴产业发展问题研究［J］．学术交流，2014（6）：93－97．

1~6月医药制造业、医疗器械设备制造业主营收入分别增长13.5%和15.2%。2015年1~6月，全国规模以上高技术制造业增加值同比增长10.5%，超出规模以上工业4.2%。全国高新技术产品出口18306亿元，增长0.7%，掌握核心技术、具有创新优势的高新技术产品出口形势相对较好，其中，手机出口增长17.5%，集成电路出口增长4.2%。2014年前5个月，规模以上高技术制造业利润同比增长16.8%，战略性新兴产业中27个重点行业规模以上企业利润同比增长20%，远优于工业平均水平。全国1000家战略性新兴产业企业景气调查显示，第二季度战略性新兴产业企业家信心指数和行业景气指数分别由上季度的145.2和147.5上升至148.5和150.5。①
2016年第一季度，高技术产业和装备制造业增加值分别同比增长9.2%和7.5%，增速分别高于规模以上工业3.4和1.7个百分点，占规模以上工业增加值比重分别为12.1%和32.4%，比2013年同期分别提高1.1和1.7个百分点。② 总之，从整体而言战略性新兴产业由于知识技术要素密集、资源能耗小，展现了广阔的发展前景与经济带动能力，主要体现出以下几个特点。

---

① 陈鑫．发改委：高技术产业和战略性新兴产业发展速快质优［EB/OL］．中国新闻网，http：//www.chinanews.com/cj/2015/08－10/7457823.shtml．［2015－08－10］．
② 罗伯特．战略性新兴产业"领跑"经济增长 政策频出助力经济转型［EB/OL］．中国财经网，http：//finance.china.com.cn/roll/20160419/3683964.shtml．［2016－04－19］．

第一，国内外消费带动效果明显。一方面，战略性新兴产业的产品具有高附加值的特点更好地满足了国外消费者的需求；另一方面随着国内需求结构的变化，国内需求也成了推动战略性新兴产业发展的重要因素。由表 5.3 可以看出，近年来，部分地区战略性新兴产业对国内外消费带动与经济发展贡献呈现逐年上升的态势。

表 5.3　　　　　部分地区战略性新兴产业的经济带动情况

时间	地区	发展情况
2015 年 1～6 月	湖北省	高附加值的机电及高新技术产品出口占全省出口总值七成以上，部分产品出口增势较快，其中，平板电脑增长 1.9 倍，集成电路增长 1.6 倍
2015 年 1～6 月	广州市	广州市力推高端装备、智能制造等走向新兴市场，上半年出口海洋工程装备 32 亿元，高速增长 5.2 倍
2015 年 1～9 月	深圳市	战略性新兴产业增加值达 4898 亿元，占 GDP 比重高达 39.6%，这一数值是全国平均水平的 4 倍以上，在国内城市中居于首位

资料来源：陈鑫. 发改委：高技术产业和战略性新兴产业发展速快质优 ［EB/OL］. 中国新闻网，http：//www.chinanews.com/cj/2015/08 – 10/7457823.shtml. ［2015 – 08 – 10］张明宇. 深圳战略性新兴产业构筑经济发展"第一动力"［EB/OL］. 新华网，http：//news.xinhuanet.com/2015 – 12/12/c_1117440565.htm. ［2015 – 12 – 12］

第二，战略性新兴产业创新持续增强。我国发明专利等知识产权呈快速增长的态势，2014 年，全国总计专利申请数达 630561 件，有效发明专利数 448885 件，研发项目数 342507 项。战略性新兴产业成为经济增长的重要驱动力，2013 年，全国规模以上高技术制造业增加值增速 11.7%，比规模以上工业高 2 个百分点。2014 年，医药制造业利润为 23824660 万元，航空航天器及设备制造业利润为 1703461 万元，电子器件制造业利润为 8471866 万元等。①

总之，从中国整体而言，战略性新兴产业的市场发展空间极大，它的发展弥补了某些产业不具有核心技术的短板，它既是世界市场需求增长较快的产业，又是国内拉动消费的重要产业，战略性新兴产业正逐步成为中国经济增长的重要动力。

---

① 资料来源：《中国统计年鉴 2015》。

5.2

典型地区战略性新兴产业集聚效应

培育和发展战略性新兴产业是我国加快转变发展方式，优化产业结构，实现经济结构战略性调整，提高发展质量和效益的重要举措。各地战略性新兴产业发展既面临着难得的机遇，又存在严峻的挑战。地方发展战略性新兴产业，既需要服从于国家的战略规划，又需要考虑当地的资源禀赋和发展环境。

5.2.1 战略性新兴产业发展引领深圳创新发展

自 2009 年深圳已率先推出互联网、生物医药、新能源三大战略性新兴产业发展规划以来，每年对每个产业投入 5 亿元支持发展。随后，深圳又将产业领域扩大至文化创意、新材料和新一代信息技术，深圳战略性新兴产业得到了快速的发展。2010 年，深圳市政府举行推进三大战略性新兴产业发布会，正式下达了 2010 年深圳市三大新兴产业发展专项资金第一批扶持计划。第一批扶持计划项目合计 269 个，其中，生物产业项目 120 个，互联网产业项目 102 个，新能源产业项目 47 个。涉及项目单位 149 家，其中，生物企业 47 家，互联网企业 54 家，新能源企业 26 家，大学、科研和公共服务机构 22 家。项目总投资约 195 亿元，其中，生物产业总投资 47 亿元，互联网产业总投资 66 亿元，新能源产业总投资 82 亿元。市政府安排补助资金合计 102481 万元，102481 万元在三大产业分布的情况：生物产业 38640 万元，互联网产业 40261 万元，新能源产业 23580 万元。深圳市对于推进战略性新兴产业发展的工作部署，为新兴产业的发展提供了重要的保障与支持。①

---

① 深圳市政府举行推进三大战略性新兴产业发布会 ［EB/OL］. 深圳政府在线，http：//www.oeeee.com/a/20100804/916955.html.［2010－08－04］.

2013 年深圳市政府常务会议审议并通过了《深圳国际生物谷总体发展规划
(2013－2020 年)》，启动国际生物谷规划，目标是要成为国际领先的生物科
技创新中心。

2014 年，在一批龙头企业、新型科研机构的带领下，战略性新兴产业成
为自主创新的引擎。2014 年 12 月 20 日，在北京发布的《中国 300 个省市绿
色经济和绿色 GDP 指数》报告显示，深圳连续三年以明显的分数优势位居
榜首。该报告分析认为，深圳依靠科技创新，绿色经济发展取得了较大进
展。深圳万元 GDP 碳排放量处于全国领先水平，在全国低碳试点城市中排
在前列。此外，深圳重点发展生物、互联网、新能源、新材料、新一代信息
技术和文化创意等战略性新兴产业，形成了新的低碳经济增长点。2014 年深
圳战略性新兴产业增加值达 5645.33 亿元，增长 14.1%，约占全市
GDP35.3%，对 GDP 增长的贡献率接近 50%。①

5.2.2　北京战略性新兴产业优势不断增强

为加快战略性新兴产业发展，北京市提出了推动信息产业领先发展、实
现生物医药产业跨越发展、打造节能环保产业规模发展、促进新能源产业高
端发展、推进纯电动汽车突破发展、加快新材料产业特色发展、加速航空航
天产业集聚发展七大战略性新兴产业重点领域。

5.2.2.1　扶持政策陆续出台

2011 年，《北京市关于加快培育和发展战略性新兴产业的实施意见》指
出，加快培育和发展战略性新兴产业是掌握产业发展主动权、支撑国家创新
中心建设的迫切需要；加快培育和发展战略性新兴产业是加快经济发展方式
转变、提升可持续发展能力的重要途径；加快培育和发展战略性新兴产业是
建设中国特色世界城市的有力支撑。而且，从明确发展重点形成支柱产业、

---

① 张明宇. 深圳战略性新兴产业构筑经济发展"第一动力" [EB/OL]. 新华网，http://
news. xinhuanet. com/2015－12/12/c_1117440565. htm. [2015－12－12].

完善发展平台、打造新兴产业高地、推动创新成果应用和完善保障措施等方面，为加快培育和发展战略性新兴产业发展提出了具体措施。2012 年 7 月 19 日，北京市科委还发布了《北京市战略性新兴产业科技成果转化基地认定管理办法》，以促进在战略性新兴产业领域内建设和认定一批科技成果转化基地，加快形成战略性新兴产业聚集发展的态势。同年，8 月 17 日，北京市科委发布《关于申报北京市战略性新兴产业孵育基地的通知》，以引导科技企业孵化机构加大对战略性新兴产业优秀项目的发现与培育力度。

科技、教育、人才资源密集的中关村，是北京乃至全国战略性新兴产业的策源地。在政府政策的引导下，移动互联网产业群还不断突破核心技术，聚集了移动终端软硬件、移动娱乐、移动资讯、移动商务、移动社交等各个领域重点应用的领军企业。对于发展前景好的战略性新兴产业，北京市主动给予政策支持、给予资金扶持。

5.2.2.2 战略性新兴产业竞争优势逐渐彰显

2012 年 10 月，"无热载体蓄热式旋转床煤热解关键技术与装备"科技成果通过了国家鉴定。这项科技成果达到了国际领先水平，标志着我国成为煤炭消耗大国。

《2012 年中关村上市公司竞争力报告》显示，中关村上市公司群体，在中关村创新平台的"中关村战略性新兴产业引领工程"的指引下，在战略性新兴产业方面已经初步形成完整的布局，形成了"641"的产业发展格局，即移动互联网、节能环保、下一代互联网、生物、轨道交通、卫星及应用六大优势产业引领发展，新材料、高端装备制造、新能源、新能源汽车四大潜力产业力争跨越发展，现代服务业高端发展。中关村上市公司在战略性新兴产业的几乎所有行业都有涉及，是推动中国战略性新兴产业发展的最重要力量。

北京市战略性新兴产业孵育基地由北京市科委于 2011 年启动建设，是充分发挥孵化机构对战略性新兴产业源头企业培育作用的重要举措。通过采取孵育基地与在孵企业项目捆绑的方式建立了孵育基地内有潜力的初创企业发掘、培养机制，已支持孵育基地内优秀企业家。这些孵育基地聚焦在新一代信息技术、生物医药、新材料、航空航天等北京市重点发展的产业，引进中央"千人计划"、北京"海聚工程"、中关村"高聚工程"等高层次人才，产业集群效应初步显现。

5.2.3　长三角地区战略性新兴产业发展迅猛

长三角地区是长江三角洲地区的简称，是我国经济实力最强劲的地区之一。具有地理概念、工业经济概念、文化概念三个概念的特殊地理位置。2010 年 5 月，中华人民共和国国务院正式批准《长江三角洲地区区域规划》，将把长三角建成"亚太地区重要的国际门户、全球重要的现代服务业和先进制造业中心、具有较强竞争力的世界城市群"作为发展定位。

5.2.3.1　上海市战略性新兴产业取得多次突破

（1）上海市对战略性新兴产业的支持政策。自 2010 年国务院发布《关于加快培育和发展战略性新兴产业的决定》后，上海明确了重点发展新一代信息技术、高端装备制造、生物医药、新能源、新材料五大主导产业，积极培育节能环保、新能源汽车两大先导产业；提出实施大规模集成电路、物联网、云计算等 15 个专项工程。2009 年 5 月，上海市委、市政府出台的《关于进一步推进科技创新加快高新技术产业化的若干意见》指出，聚焦产业发展重点领域，围绕本市产业发展重点，聚焦新能源、民用航空制造、先进重大装备、生物医药、电子信息制造、新能源汽车、海洋工程装备、新材料、软件和信息服务九大领域，重点组织实施一批高新技术产业化重大项目，加快推进本市产业结构优化升级；从促进企业技术创新、成果转化等多个方面对原有政策进行了完善，[①] 设立了自主创新和高新技术产业发展重大项目专项资金，颁布了新能源、生物医药、新能源汽车产业政策，优化了战略性新兴产业发展的政策环境。而且，上海市经济和信息化委员会还制订了《上海

---

① 《关于进一步推进科技创新加快高新技术产业化的若干意见》解读（之一）［J］. 华东科技，2009（7）.

市推进战略性新兴产业"大规模集成电路"等九个专项工程实施方案》《上海市推进战略性新兴产业"卫星导航"专项工程实施方案（2010－2015年）》《上海市推进战略性新兴产业"新能源汽车与汽车电子"专项工程实施方案（2012－2015年）》等政策支持上海市战略性新兴产业的发展。

2012年，《上海市战略性新兴产业发展"十二五"规划》指出，从国内来看，加快培育和发展战略性新兴产业是上海服务国家战略、率先构建新兴产业体系的重大举措。按照国家总体部署，上海必须着力提高自主创新能力，率先构建新兴产业体系，把加快培育和发展战略性新兴产业放在推进产业结构升级和经济发展方式转变的突出位置，推动节能环保、新一代信息技术、生物、高端装备制造、新能源、新材料、新能源汽车等战略性新兴产业跨越发展，为我国战略性新兴产业在若干领域跻身世界前列作出积极贡献。

2014年，中国上海自由贸易试验区在科技创新方面，依托自贸区进口研发设备、研发耗材免税政策，发展创新型研发中心和技术服务中心，开展产品设计、生产研发、技术创新等业务活动。战略性新兴产业发展，通过探索经营总部加生产型分支机构的做法，并积极落实选择性纳税政策，推动高端制造企业的区内外联动发展。

（2）上海市战略性新兴产业快速起步取得成效。上海新能源、民用航空制造业、先进重大装备等9大高新技术产业重点领域加速发展，规模保持在全国领先行列。

2011年1月31日，国家科技部正式批复建设中国上海电动汽车国际示范城市，以嘉定区作为示范区域，4月份，国际能源署和国家科技部共同组织的国际电动汽车示范城市论坛在上海举行，上海国际电动汽车示范的"一个基地、二个俱乐部、三个平台、四个中心"在科技部和上海市政府支持下正式启动。上海物联网中心是上海市政府批准的区域性物联网技术创新、产业培育、信息服务中心，由中科院上海微系统所和嘉定区联合有关机构共建。一期工程已于2011年9月26日正式启用，依托上海物联网中心，规模5亿元的上海物联网产业发展基金已经设立，上海物联网有限公司和上海物联网中心科技企业孵化器已经成立并运作，吸引和培育了100多家物联网技术研发和服务企业。

2011 年，战略性新兴产业（制造业部分）完成工业总产值 7850.4 亿元，比 2010 年增长 11.5%，增速继续快于全市制造业增速。软件和信息服务业全年实现产业规模 3075.2 亿元，比 2010 年增长 21.5%。全年战略性新兴产业总规模达到 10925 亿元，实现年初确定的增长目标。[①] 2011 年和 2012 年上海市战略性新兴产业总产值均突破 1 万亿元。

在关键核心技术领域方面，涌现了等离子体刻蚀机、清洗机、封装光刻机等一批打破国际垄断、填补国内空白的科技成果；AP1000 大型锻件综合性能指标和制造技术达到国际先进水平，国内首台自主设计制造的第六代深水半潜式钻井平台正式交付使用；国产自主创新 1.5T 超导磁共振成像系统等高端医疗影像设备获批上市；薄膜太阳能电池关键设备 PECVD 和 LPCVD 成功下线销售，3.6 兆瓦海上风电机组研制成功；8 英寸绝缘体上硅（SOI）实现国内首次批量生产。2013 年 1～9 月，本市战略性新兴产业（制造业部分）总产值实现 5633 亿元，占全市工业总产值的 23%，对上海市"创新驱动、转型发展"的支撑作用进一步增强。[②] 截至 2013 年 12 月，上海市已启动实施了三批共 158 个战略性新兴产业项目。2015 年 1～5 月，上海市机器人制造相关企业产值增长 10.4%，飞机制造业产值增长 9.7%，集成电路制造业产值增长 9.1%，均明显高于规模以上工业总产值增速。

5.2.3.2   其他地区战略性新兴产业发展迅速

2010 年以来，长三角省市的战略性新兴产业发展迅速。例如，无锡确定了物联网、新能源与新能源汽车、节能环保、生物、微电子、新材料和新型显示、软件与服务外包、工业设计和文化创意八大新兴产业。2010 年前三个季度上述产业营业收入已经达到 2936.2 亿元，增幅达 29.9%。[③] 浙江的杭州、宁波等地区也在积极筹建战略性新兴产业的产业集聚区。而且，浙江还

---

① 上海市《推进战略性新兴产业发展 2011 工作总结和 2012 年工作要点》［EB/OL］. 物联网在线，http：//www. iot – online. com/zhengce/2012/0216/16569. html. ［2012 – 02 – 16］.

② 上海推进战略性新兴产业 突破一批关键核心技术［EB/OL］. 中国新闻网，http：//www. chinanews. com/sh/2013/12 – 06/5591078. shtml. ［2013 – 12 – 06］.

③ 新兴产业最盼政府采购"扶马送一程"［DB/EL］. 经济参考报，http：//dz. jjckb. cn/www/pages/webpage2009/html/2011 – 02/28/content – 63640. htm.

把海洋经济作为战略性新兴产业重要的增长极。浙江省的目标是，生物、新能源、新能源汽车、核电关联、海洋开发等产业规模和创新能力要居于国内领先地位。杭州湾跨海大桥南岸的"杭州湾新城"正在积极建设中，规划陆域面积235平方千米，海域面积350平方千米。舟山被确定为国家级海洋综合开发试验区，一批投入大、起点高的新兴产业项目正在规划中。

尽管一些地区战略性新兴产业发展取得了一定的成绩，彰显了特色，但由于技术商业化时间较长，新兴产业的巨大潜力没有能够及时和充分地发挥出来。

5.3
战略性新兴产业发展中存在的问题

我国战略性新兴产业实现了较快增长，在支撑经济稳定增长、改善民生等方面发挥了重要作用。战略性新兴产业发展环境不断改善，创新特征日益明显，新兴服务层出不穷。但也存在行业管理政策调整还不能完全适应新兴产业创新发展步伐等问题，需要进一步深化改革，破解发展难题。随着我国经济的快速发展，我国战略性新兴产业已经取得了一定的成就，但是过去粗放式的经济增长方式，依赖低成本、高能耗、低利润、低技术的生产经营方式已经不符合我国产业可持续发展的要求，我们需要从生产大国转变为生产强国，要努力提高技术水平和产品的科技含量，创造更多的自主品牌。鉴于我国产业的发展基础和发展环境，战略性新兴产业的起步与成长必然要面对一些亟须解决的问题，在当前地方积极发展战略性新兴产业的热情下，我们现在需要认真解决的问题可以归纳为五个方面。

5.3.1　内需不足，不能有效激发企业生产积极性

战略性新兴产业市场发展前景广阔，但国内需求不足。例如光伏产业，原材料和出口均依赖国外，而国内需求不旺，一旦国际形势发生变化或贸易保护主义波动，将导致产业受到冲击。以太阳能产业为例，由于产业还没有

形成规模，仅从使用支付的价格来看，太阳能发电价格较传统发电价格高1/2以上，市场短期内很难被接受，所以国内市场开辟存在困难，目前90%左右的太阳能电池消费也主要依赖国外市场。

不仅如此，像这样生产主要在中国，而消费主要在国外的产业，还可能使产业生产过程中的污染或其他非生态化现象留在国内，这样发展的结果是经济效益和生态效益的主要受益方是外国，因此，在产业规划过程中，要注重战略性新兴产业的国内外市场供给差异，不断开拓国际市场，这样有利于通过转移消费需求方向，抵御国外需求锐减的风险。

5.3.2　地区战略性新兴产业发展特色不明显

地方发展战略性新兴产业动力足，但特色不十分明显，存在趋同化现象。各区域的产业发展基础本身就存在差异，但在国家统一政策的驱动下，如果地方战略性新兴产业发展不能有效整合地方资源，促进当地科技成果转化，积极发挥当地人力资本的作用，就会逐渐丧失企业发展获得领先优势的机会。而且，战略性新兴产业的投资具有一定的风险性，产业发展面临着各种各样的不确定性，各地政府应该根据当地的科技资源优势、区位条件和产业结构合理进行规划，确定产业定位与布局，积极引导战略性新兴产业的特色发展。

在战略性新兴产业发展中，一个地区或者城市不必在所有的产业大类和中类方面重复整个国家或者中央的选择，而应该在每个产业更细的领域中，具体到本地区的产品、企业和品牌方面，甚至从项目上，确定本地区的选择。发展战略性新兴产业，既要优化、升级现有优势产业，又要构建未来的新增长点。长远来看，战略性新兴产业在不同城市和地区的发展，需要有良好的市场环境和创新氛围相配套。①

5.3.3　自主创新条件亟待完善

我国一些发展较快的产业技术短板日益明显，例如，风电作为发展较快

---

① 宋泓. 战略性新兴产业的发展 [M]. 北京：中国社会科学出版社，2013：5－6.

的新兴产业,它缺乏国内强有力的技术创新体系支撑,致使核心技术始终依赖国外,一些关键的部件基本依赖进口。而且,一些产业领域前沿创新和技术储备也不足,例如,物联网、生物技术、信息通信产业发展就存在这样的问题。

不仅如此,地方产业发展缺乏有效的产业组织形式,没有优化地方资源,完善自主创新条件。由于新兴产业刚刚起步,很多企业规模较小,拥有的自主知识产权少且不能在市场中短期内就实现自身的竞争优势,尤其在自主创新和技术改革方面进程较缓慢,大多数企业还处于低层次运营阶段。有的企业仍以组装加工为主,关键和核心的技术都要依靠外来创新,技术创新大多限于产品、工艺的延伸、改进与提高,缺少拥有自主知识产权的产品和技术。产业核心竞争力不强,高技术、高附加值的重大装备产品及关键器件的生产配套仍然比较缺乏。各地区的高校科研院所对当地战略性新兴产业的智力支撑作用没有得到有效地发挥,技术产业化进程缓慢,产学研对接在战略性新兴产业发展中的优势作用没有得到彰显。

5.3.4　地区产业链建设需要拓展

地方战略性新兴产业链短,地区产业链间不能实现有效的衔接,影响优势产业的发展。由于新兴产业所属门类较多,行业较为分散,与其配套的上下游产业未完全进入,尚未形成配套齐全、功能完备的分工合作的产业链。各地的战略性新兴产业大多处于起步阶段,同一区域产业链的建设和发展往往多集中于某一个或几个产业链方面,产业链之间没有得到有效的衔接,而且企业之间的发展方向存在趋同化,这导致产业在可持续性和稳定性方面难以得到保障,影响战略性新兴产业的平稳发展。

5.3.5　产业发展环境需要进一步优化

战略性新兴产业的发展环境有待进一步完善,地方技术与人才聚集和扩散效应未得到有效发挥。战略性新兴产业细分后,企业都处于不同的产业链条上，即使隶属同行业，各企业之间的联系尚不紧密，配套设施也不完善，进而导致同一产业所应聚集的人才规模没有得到有效地扩张，企业对人才与技术存在很大的潜力需求空间，而人才的供给是否能与企业的需求相匹配，能够顺利实现有效地对接，直接影响企业发展的持续竞争力，影响企业的转型升级与发展步伐。战略性新兴产业的初期培育需要各种条件的及时完善，需要政府及时有效的宏观调控，例如，需要强有力、系统性的财税、投融资政策支持等。总之，现阶段，对于战略性新兴产业创业投资规模小、融资性担保机构不发达、多层次金融市场不完善、财政税收激励政策等未能发挥应有的作用等问题，政府对战略性新兴产业的支持方式需要多样化，支持措施需要进一步完善。

第6章

战略性新兴产业的成长与外向发展测度

6.1
战略性新兴产业发展评价

根据企业成长理论，战略性新兴产业的发展也有其自身的规律，为分析战略性新兴产业的竞争力水平，需要对我国战略性新兴产业的成长阶段和发展效果进行客观评价。根据 2010 ~ 2014 年出版的《中国高技术产业统计年鉴》对我国战略性新兴产业的发展概况进行评价。DEA 是评价效率最有效的非参数方法，其近年来不仅在国外，而且在国内也逐渐被广泛应用，许多对战略新兴产业发展评价也选择 DEA 模型进行分析。[①]

6.1.1 空间发展逻辑

战略性新兴产业的发展有自身的发展规律与空间拓展逻辑。其发展的"质"与"量"与其所在区域的基础设施、交通运输、人才环境与资源、产业集群与市需求等因素密切相关，除此之外，还有一些偶然的因素或机会事

[①] 王艳秀. 战略性新兴产业发展效率测评［J］. 商业经济研究，2015（10）：128 - 129.

件也会直接影响战略性新兴产业的发展速度与路径。

6.1.1.1　战略性新兴产业发展的条件存在区域差异

战略性新兴产业的成长也要经历从量变到质变的过程，和其他产业一样会经历创业期、成长期、成熟期和衰退期。从我国地方区域条件差异来看，长三角地区和环渤海地区具有明显的资源禀赋等优势，所以区位优势也很明显。不同地方区域条件比较见表6.1。

表6.1　　　　　　　　　　　不同地方区域条件比较

标准	长三角地区	环渤海地区	西北地区	东北地区	中部地区
人才优势	较强	很强	一般	一般	较强
市场需求	很强	较强	很强	较强	一般
产业集群	很强	较强	较强	较强	一般
区位优势	很强	很强	一般	很强	一般
技术优势	较强	很强	一般	较强	一般

资料来源：杨银厂，李光文. 荷兰战略性新兴产业发展空间逻辑及对中国的启示［J］. 科技进步与对策，2015（1）：72 - 78.

6.1.1.2　战略性新兴产业处于快速成长阶段

通过表6.1中不同地方区域条件比较可以看出，长三角地区无论是在人才优势、市场需求，还是在产业集群与技术优势方面，与其他地区相比均具有明显的优势，这也验证出了在典型地区战略性新兴产业发展状况方面该地区显现明显强势的原因之一。对于中国战略性新兴产业发展阶段，有学者对我国7大战略性新兴产业按照S曲线进行了初步的判断，如图6.1所示，可以看出我国的战略性新兴产业绝大部分都处于一个技术快速增长的阶段，从发展前景来看，战略性新兴产业将有很大的发展空间。①

---

① 王艳秀. 战略性新兴产业发展效率测评［J］. 商业经济研究，2015（10）：128 - 129.

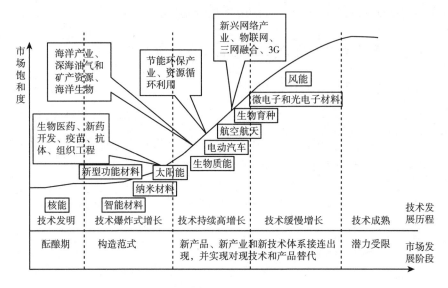

图 6.1 中国战略性新兴产业的发展阶段

资料来源：杨银厂，李光文. 荷兰战略性新兴产业发展空间逻辑及对中国的启示［J］. 科技进步与对策，2015（1）：72 – 78.

6.1.2 发展规模与就业效应

从不同地区的企业个数和就业人数来看，战略性新兴产业数量最多的是广东省和江苏省，2012 年广东省的利税达到 1942.9 亿元，江苏省的利税达到 1901.5 亿元，从业人员的平均数分别为 3842156 和 2486148 人，企业个数分别为 5059 个和 4598 个。两个省份的利税之和占全国利税比重的 40.49%，从业人员比重占到 48.88%。宁夏、青海、新疆和西藏地区战略性新兴产业的发展规模较小，从业人数依次递减，每个地区的从业人数都不上万，尤其是西藏地区从业人数仅有 1130 人。[①] 2012 年我国各省份战略性新兴产业的发展规模情况见表 6.2。

———————————

① 王艳秀. 战略性新兴产业发展效率测评［J］. 商业经济研究，2015（10）：128 – 129.

表 6.2　　　　　　　　2012 年各省份战略性新兴产业发展规模情况　　　　　　单位：亿元

省份	资产总计	省份	资产总计	省份	资产总计
广　东	18503.9	陕　西	1805.9	贵　州	502.6
江　苏	13781.6	辽　宁	1752.2	广　西	459.0
上　海	4719.3	湖　南	1387.1	云　南	346.3
浙　江	4506.2	安　徽	1367.4	内蒙古	330.6
山　东	4300.7	河　北	1234.3	甘　肃	276.2
北　京	4178.0	江　西	1216.7	海　南	187.3
四　川	3434.7	重　庆	1023.0	青　海	78.6
天　津	2379.2	吉　林	957.2	宁　夏	78.5
河　南	2364.7	山　西	769.0	新　疆	34.1
湖　北	1959.4	黑龙江	689.4	西　藏	20.9
福　建	1952.8				

从资产总计数量来看，广东省和江苏省依然位居第一和第二的位置，资产总计分别为 18503.9 亿元和 13781.6 亿元，总资产占全国比重达到 42.14%。表 6.2 中 2012 年各省份战略性新兴产业发展规模按照资产总计进行降序排列，可以看出，战略性新兴产业发展小的地区，像宁夏、青海、新疆和西藏四省区，与发达省份相比差距悬殊。

6.1.3　获利能力

从 2012 年各省份战略性新兴产业获得的利润来看，江苏省位居第一位，利润总额达 1282 亿元，广东省排在第二位，此指标为 1110.9 亿元，两省利润总和高达 2392 亿元，占全国利润总额比重的 38.67%；而从资产利润率来看，江苏省和广东省的资产利润率为 9.3% 和 6%，资产的利用效果不是很理想，而企业平均规模小、利润额较低的地区却呈现了总资产利润率最高的现象，广西资产利润率最高，为 23.68%，海南的资产利润率排列第二，为 16.87%，远超其他省市地区。① 2012 年我国各省份战略性新兴产业的盈利情况见表 6.3。

---

① 王艳秀. 战略性新兴产业发展效率测评 [J]. 商业经济研究，2015（10）：128 - 129.

表 6.3   2012 年各省份战略性新兴产业盈利情况

省份	利润总额（亿元）	资产利润率（%）	省份	利润总额（亿元）	资产利润率（%）	省份	利润总额（亿元）	资产利润率（%）
江苏	1282.0	9.30	湖南	156.1	11.25	黑龙江	46.5	6.74
广东	1110.9	6.00	安徽	143.4	10.49	贵州	33.1	6.59
山东	612.9	14.25	湖北	130.1	6.64	海南	31.6	16.87
浙江	370.9	8.23	江西	122.1	10.04	云南	28.6	8.26
四川	304.2	8.86	山西	109.8	14.28	内蒙古	20.8	6.29
天津	247.7	10.41	广西	108.7	23.68	甘肃	14.5	5.25
北京	235.6	5.64	吉林	93.4	9.76	青海	5.0	6.36
上海	215.5	4.57	河北	79.7	6.46	宁夏	3.1	3.95
河南	205.9	8.71	陕西	77.2	4.27	新疆	2.7	7.92
福建	181.6	9.30	重庆	50.2	4.91	西藏	2.6	12.44
辽宁	160.0	9.13						

6.1.4　基于 DEA 模型评价地区战略性新兴产业发展效率

为了对我国各省份战略性新兴产业发展效率进行评价，根据可比性、易操作和科学性的原则，选择从业人员平均数、资产总计、研发经费总支出作为投入指标，选择利润、专利申请数和新产品销售收入作为产出指标，对2012 年 31 个地区战略新兴产业的发展，运用 DEA 软件进行效率评价，设置参数及选定的模型具体情况如下。

31 个省份战略新兴产业的发展 . txt　　DATA FILE NAME

31 个省份战略新兴产业的发展 out. txt　　OUTPUT FILE NAME

31　　　　　　　　　　　　　　　　　NUMBER OF FIRMS

1　　　　　　　　　　　　　　　　　NUMBER OF TIME PERIODS

3　　　　　　　　　　　　　　　　　NUMBER OF OUTPUTS

3　　　　　　　　　　　　　　　　　NUMBER OF INPUTS

0　　　　　　　　　　　　　　0 = INPUT AND 1 = OUTPUT ORI-
ENTATED

1　　　　　　　　　　　　　　0 = CRS AND 1 = VRS

0　　0 = DEA（MULTI - STAGE），1 = COST - DEA，2 = MALMQUIST - DEA，3 = DEA（1 - STAGE），4 = DEA（2 - STAGE）

各地区综合效率的平均值是 0.777，17 个地区的综合效率在平均水平以上，9 个地区的总效率达到 1，占全国比重为 29.03%。2012 年我国各地区战略性新兴产业的投入产出效率值见表 6.4。

表 6.4　　　　　　2012 年各地区战略性新兴产业投入产出效率值

省份	综合效率	纯技术效率	规模效率	规模效益	省份	综合效率	纯技术效率	规模效率	规模效益
北京	1.000	1.000	1.000	—	湖北	0.611	0.614	0.995	irs
天津	1.000	1.000	1.000	—	湖南	0.966	0.995	0.971	drs
河北	0.438	0.468	0.937	drs	广东	1.000	1.000	1.000	—
山西	0.784	0.954	0.822	drs	广西	1.000	1.000	1.000	—
内蒙古	0.695	1.000	0.695	drs	海南	1.000	1.000	1.000	—
辽宁	0.681	0.784	0.868	drs	重庆	1.000	1.000	1.000	—
吉林	0.742	0.944	0.786	drs	四川	0.840	0.945	0.889	drs
黑龙江	0.606	0.611	0.993	irs	贵州	0.665	0.696	0.956	drs
上海	0.553	0.556	0.996	drs	云南	0.658	0.834	0.788	drs
江苏	0.798	1.000	0.798	drs	西藏	1.000	1.000	1.000	—
浙江	0.794	0.949	0.837	drs	陕西	0.424	0.427	0.992	irs
安徽	0.901	0.901	0.999	irs	甘肃	0.796	0.827	0.963	drs
福建	1.000	1.000	1.000	—	青海	0.419	0.709	0.591	drs
江西	0.698	0.718	0.973	drs	宁夏	0.659	0.659	1.000	—
山东	1.000	1.000	1.000	—	新疆	0.512	0.628	0.816	irs
河南	0.841	1.000	0.841	drs					

注：drs = decreasing returns to scale，规模效益递减；irs = increasing returns to scale，规模效益递增。

从纯技术效率与规模效率来看，各地区纯技术效率平均值是 0.846，18个地区纯技术效率高于平均水平，12个地区纯技术效率为1，占全国比重为38.71%，0.8~1之间的地区占比 64.52%。各地区规模效率的平均值是0.920，20个地区高于平均水平，0.8~1之间的地区占比 83.87%。规模效益递减的地区比重为 51.61%，即投入增加后，产出的增长比例可能小于投入增加的比例。各地区战略性新兴产业纯技术效率和规模效率分布情况如图 6.2 所示。

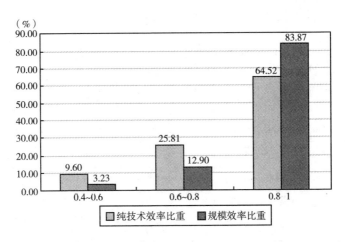

图 6.2 2012 年各地区战略性新兴产业纯技术效率和规模效率分布情况

从数据分析的整体情况来看，新疆、宁夏和青海等省份的总效率和纯技术效率都比较低，而北京、天津和广东等地区的综合效率和纯技术效率均比较高，结合前面对典型地区战略性新兴产业的发展状况来看，这些地区的战略性新兴产业发展态势也较好，但是绝大部分地区的战略性新兴产业的发展状况还不十分理想，成长能力偏低，例如江西、河南等地都处于规模效益递减阶段，普遍存在投入的资源没有得到有效的利用的情况需要针对现阶段各地区战略性新兴产业发展中存在的问题，有针对性地采取差异性地区扶持措施，提升投入要素的使用效率。[1]

―――――――――――――――

[1] 王艳秀. 战略性新兴产业发展效率测评 [J]. 商业经济研究, 2015 (10): 128-129.

6.2

典型战略性新兴产业成长现状

6.2.1 新能源汽车发展的国际化之路

汽车行业的发展对促进经济增长和就业率提高起着重要的推动作用。随着中国汽车产销量的不断增长，汽车行业的就业带动效应将进一步增强。汽车产业作为一国的重要支柱产业，它所能带动的就业人数决定了各国必须对其加以保护和扶植，以促进经济持续发展与就业水平稳步上升。随着中国汽车保有量的不断攀升，有关汽车消费商品的市场需求会更加旺盛，从产业链发展来看，汽车行业的发展可以带动的产业包括：钢铁、电气、橡胶、机械，等等。汽车行业的发展不仅可以推动地方经济发展，加强税收效应，而且在带动就业方面的作用显著，因此，汽车产业发展一直倍受各国政府关注。中国汽车工业是国民经济的重要产业，尽管受到国外经济不景气的影响，但是从总体来看，其发展比较平稳。

2001年，我国汽车工业总产值为44331852万元，2002年为62246394万元，截至2010年已达到302486165万元，是2001年的6.82倍。汽车工业总产值一直保持持续稳步增加的态势；汽车工业销售产值也逐年稳步上升。2001年汽车工业销售产值为43389889万元，2010年汽车工业销售产值已达299640274万元，是2001年的6.9倍，2011年达到46290.93亿元，同比增长16.61%，在全国工业销售产值中所占的比重高达5.53%，2013年1~2月，汽车制造业工业销售产值达8060.84亿元，同比增长15.96%。2001~2010年全国汽车工业总产值与销售产值见表6.5。

从汽车工业的整体发展来看，一直保持持续上升的发展态势。虽然从汽车工业销售增长速度来看，在2008年金融危机下，增速有所下滑，但是从总量上看，汽车工业总产值与汽车工业销售总产值一直保持平稳增长的趋势。

表 6.5 　　　　　　　　　2001 ~ 2010 年全国汽车工业总产值与销售产值

年份	汽车工业总产值（万元）	汽车工业销售产值（万元）	汽车工业销售产值增长速度（%）
2001	44331852	43389889	—
2002	62246394	60821956	40.18
2003	83571570	82048162	34.90
2004	94631639	93061416	13.42
2005	102233353	102411213	10.05
2006	139375342	137469137	34.23
2007	172420240	170655239	24.14
2008	187805358	187278178	9.74
2009	234377996	235295633	25.64
2010	302486165	299640274	27.35

资料来源：根据《2011 年中国汽车工业年鉴》资料整理计算汇制。

2008 年，受金融危机等国外宏观经济环境变化的影响，我国汽车工业销售产值同比增速有所减缓，由 2007 年的 24.14% 降为 9.74%，并且据国家统计局数据显示，2008 年汽车制造业各主要经济指标增长率远低于上年水平，这表明受到国际经济形势的影响，国内汽车行业的经济运行出现了速度放慢的态势。但是，这并没有影响中国汽车产业快速发展的趋势，因为 2011 年中国汽车出口总量仅占总产量的 5.5%，2010 年为 3%，金融危机前也只是6.9% 的水平。国内的汽车消费是推动汽车继续向前发展的主要力量。

截至 2018 年 1 月，中国累积新能源汽车销售超 180 万辆，连续 3 年实现产销量全球第一。① 中国新能源汽车的产销量实现逐年稳步的增长，从汽车零配件到整车产品，中国车企既不断加强自身的技术水平，又不断加强在全球市场上的市场份额，从全球汽车产业的发展来看，中国新能源汽车的发展对推动中国汽车产业的优化升级起到了重要的作用。从 2011 年到 2017 年，新能源汽车的销量分别为 0.82 万辆、1.28 万辆、1.76 万辆、7.48 万辆、33.11 万辆、50.7 万辆、77.7 万辆，占汽车总销量的比重分别为 0.044%、0.066%、0.08%、0.318%、1.346%、1.8%、2.7%，中国不仅成为全球第一大汽车市场，而且中国新能源汽车的发展也处于领先地位。

---

① 我国累积新能源汽车销售超 180 万辆 连续 3 年产销量全球第一 [J]. 汽车与配件，2018（8）：18.

6.2.2　新能源产业产品与技术的对外发展

很多国家都把新能源作为最重要的战略性新兴产业，发展新能源产业，符合绿色发展的要求，有利于推动低碳经济，实现产业生态化发展。中国在新能源发展方面，几乎与全球同一时间开始起步，各地区建设的产业园成为新能源发展的重要基地，各地方政府也积极助推新能源产业的发展。中国新能源产业在产品与技术发展方面，根据产业链所处的位置，不同领域的企业成长速度与外向发展广度存在差异。

6.2.2.1　新能源产量呈递增态势

新能源产业主要是指开发和利用太阳能、地热能、风能、海洋能、生物质能和核聚变能等能源进行工作的产业。

随着科学技术的发展，中国能源构成出现了一定的变化。如图 6.3 所示。从能源生产构成的变化来看，原煤所占比重变化不是很大，浮动变化在

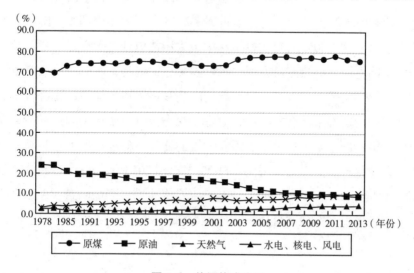

图 6.3　能源构成比重

资料来源：根据《中国统计年鉴 2014》整理绘制所得。

9 个百分点以内；原油的比重呈现大体下降的趋势，中国新能源产量也呈现不断上升的趋势，1978 年，水电、核电、风电生产量占能源比重为 3.1%，至 2013 年，此指标已达 10.9%。

6.2.2.2 新能源产业发展遇到困难——以 LED 产业为例

作为节能环保的领军行业，LED 产业在我国发展迅速，但是从国内和国际市场份额来看，比重还比较小，中国 LED 芯片的国际市场份额占到 8% 左右，在内地 LED 市场中，市场总需求量占 52% 左右。目前中国 LED 产业的发展遇到了一定的困难，其主要表现可归纳为两大方面：

第一，可能出现生产过剩。中国 LED 照明产业链中，生产灯泡的环节就至少存在 5000 家以上的企业，国内 LED 封装企业也已经超过 1000 家，上游生产外延片的企业，也已经超过 50 家。[①] 但是 LED 国际照明产品的价格在下降，为了追逐利益，有些企业还在盲目继续扩大规模，如果政府不进行宏观调控，很可能出现短期的生产过剩的状况。

中国光伏产业的发展比较好，现在已经形成了较为完善的太阳能光伏制造产业体系，但是主要核心技术还是来源于国外。从光伏电池产业的增速和全球占比来看，我国光伏产业发展迅猛。2008 ~ 2011 年中国光伏电池产量占全球比重的 30% ~ 40% 之间，2011 年中国太阳能电池产量已达 12983.88MW，中国太阳能电池产能与产量方面位居世界第一，但是，产业的核心竞争力不强，存在很多问题。一方面，虽然光伏产业有别于传统能源，更符合发展绿色经济，建设友好型社会的需要，但是，在光伏电池生产和制造环节，存在严重的污染问题，生产过程中也需要大量的能耗，对环境影响也很大。另一方面，以光伏产品的多晶硅为例，自 2005 年到 2013 年，中国多晶硅产量从 41 吨飞快增至 8.2 万吨，所以，光伏产品存在生产过剩的隐患。中国光伏电池产量增长情况与全球产量比较，见表 6.6。

---

① LED 产业遭遇发展瓶颈或迎产业大洗牌 [EB/OL]. 中国行业研究网，http：//www. chinairn. com/news/20131230/145829282. html. [2013 – 12 – 30].

表 6.6　　　　　　　　中国光伏电池产量增长情况与全球产量比较

年份	全球太阳能电池产量（MW）	中国太阳能电池产量（MW）	中国占比（%）
2000	287.00	3.00	1.05
2001	401.00	4.60	1.15
2002	560.00	6.00	1.07
2003	750.00	12.00	1.60
2004	1256.00	50.00	3.98
2005	1815.00	145.00	7.99
2006	2536.00	438.00	17.27
2007	4279.00	1088.00	25.43
2008	7911.00	3238.00	40.93
2009	12464.00	5851.00	46.94
2010	27381.00	7710.60	28.16
2011	37185.00	12983.88	34.92

资料来源：2017 年全球及中国太阳能电池市场发展分析［EB/OL］. 中国产业信息网，http://www.chyxx.com/industry/201707/544936.html.［2017 – 07 – 27］.

　　第二，主要核心技术产业链仍在国外。虽然中国 LED 产业发展很快，在国家政策的支持下，取得了一定的效益，但是 LED 产业仍然存在专业技术人才短缺的问题。上游产业链的企业数量还不多，缺少足够的人才智力支撑，主要的核心技术依赖于进口；由于从事研发的成本也较高，时间较长，我国 LED 产业在人才和技术积累上还存在欠缺。这导致了企业在争夺国际市场的制高点方面优势不足，同时也是众多企业都面临的主要问题。

　　LED 产业是新一代信息技术的重要组成部分，解决核心技术自主研发问题是企业在国际竞争中形成竞争优势的关键。在不断开拓市场的过程中，LED 产业核心技术掣肘、技术标准缺失已经严重阻碍了该产业发展。

　　综上所述，从产业生态化发展、经济可持续发展的角度来看，虽然太阳能光伏发电具有十分明显的优势，但是，我国光伏产业主要的核心技术仍然是依靠国外，大部分企业从国外引进技术来进行生产，而且原材料的进口依存度也很高，这直接影响了光伏产业的健康发展。中国光伏发电技术及其应用水平相对于美国等发达国家而言是严重落后的，企业缺乏自主创新能力。不仅如此，中国光伏产业的国内市场需求一直较小，产品消费主要依赖于国外市场的需求，这些方面都使企业在成长过程中遇到的风险可能加大，光伏产业易因国际市场变动而受到影响。

6.3

战略性新兴产业外向发展的国际背景

在全球经济失衡、各国竞相争夺未来经济制高点的形势下，发达国家与中国的贸易摩擦会日益增多，各种形式的贸易保护手段也会不断变化。中国战略性新兴产业的发展面临着机遇与挑战。对于我国战略性新兴产业的发展而言，战略性新兴市场还不够成熟，国内有效的市场需求没有被调动起来，企业的发展规模还比较小，在国际市场中竞争，绝大部分企业还不具备略显性竞争优势，战略性新兴产业发展为国民经济的支柱产业还需要一段时间努力，在现阶段更需要政府的扶持和促进。面对国际市场风险，我国更需要积极审视国际环境，重视主要贸易伙伴国的政策变动。在全球经济失衡的背景下，对中国战略性新兴产业所面临的情况进行全面分析，帮助企业对客观风险进行有效评估，以保障企业平稳有序的发展。

6.3.1　全球经济仍处于失衡状态

中国社会科学院发布的《世界经济黄皮书》中指出，2011 年，全球经济失衡现象持续，二十国集团（G20）的全球经济再平衡工作取得进一步进展。世界经济不平衡问题由于其长期性、破坏性以及各国政策协调的复杂性，在 2011 年 G20 全球治理平台上成为贯穿全年的热点议题之一。① 但是，

---

① 全球经济失衡现象表现为三大层面 6 个失衡度量指标 [EB/OL]. 人民网，http：// politics. people. com. cn/GB/99014/16731948. html.［2011 - 12 - 27］.

在全球经济失衡的背景下，国际经济环境复杂多变，全球经济仍处于深度结构调整之中，逐渐受到影响的是高污染和高排放的产业。而金融危机的爆发恰恰给中国产业结构调整提供了难得的机遇，中国可以利用这个时机，调整战略，科学地进行产业定位与促进产业结构优化，通过扶持战略性新兴产业的快速发展，抢夺先机，大幅提高国际影响力并改善在世界经济格局中的地位。

6.3.2　发达国家经济缓慢复苏

国际金融危机爆发以来，全球经济仍处于震荡调整期。2015 年，受有效需求普遍不足、大宗商品价格大幅下滑、全球贸易持续低迷、金融市场频繁震荡等不利因素叠加的影响，世界经济增速低于预期。在美日英等发达国家政策调整效果开始有一定显现的情况下，受发达国家经济政策溢出效应的负面影响，加上自身经济的脆弱性，新兴经济体却面临着经济增长放缓、通胀高企的挑战。在这样的国际形势下，中国对外贸易发展必然会受到很大影响。

以汽车产业对外贸易为例，中国新能源汽车产业作为一个新兴的战略产业，仍处于一个起步发展的阶段，但是中国车企从一开始就在积极地同时开拓国内和国外市场，国内的政策支持与大力倡导给予了中国汽车产业强有力的支持，然而在对外贸易中其依然面临很多挑战。欧洲、美国、日本都对油耗进行了规定，利用法规进行制约，督促汽车降低能耗，减少污染气体的排放。法国计划从 2040 年开始全面禁止采用内燃机动力的汽车上路（包括汽油车和柴油车）；德国提出 2030 年禁售出传统燃油车；挪威宣布会在 2025 年达到禁售燃油车的目标；而 2016 年，美国、欧洲以及中国的汽车市场上电动车型所占的销售比例仅仅在 1% 左右。因此，在全球对战略性新兴产业产品需求的潜力市场越来越大的情况下，中国要积极推动战略性新兴产业的外向发展，以面对更大的挑战。

在经济衰退和复苏的过程中，贸易保护主义和贸易摩擦往往会加强，为了保护我国经济的稳定、持续发展，我们必须时刻关注美国、欧盟等发达国家，因为这些国家贸易政策的影响效应波及面和强度相对更加大，极具代表性和被效仿性。中国应对贸易保护主义的波动，应建立防范对外贸易受损影响的长效机制，尽可能地减少贸易保护主义带来的负面影响，更好地实现我国经济平稳快速的发展。

6.4
战略性新兴产业对外贸易整体情况

因为战略性新兴产业产品的对外贸易情况很难取得详细的数据，而高新技术产品包含了战略性新兴产业的产品内容，本书以高新技术产品对外贸易变化的整体情况来分析中国战略性新兴产业外贸发展的大致状况。①

6.4.1 出口逐年递增

2009～2013 年高新技术产品出口呈现是逐年递增的态势，如图 6.4 所示，但从曲线的弯曲特点可以看出 2011 年和 2012 年递增的幅度有所下降，原因之一就是受到国外贸易保护措施的影响。2009 年高新技术产品出口总额为 18055.1 美元，而 2013 年已达到 42062.4 美元，是 2009 年的两倍多，这表明高技术产品的对外贸易发展迅速，对经济发展的助推作用在增强。不仅如此，从各地区对外贸易格局的变化来看，高新技术产品也显现了强有力的经济带动作用。例如，2014 年第一季度，浙江的服装、鞋类等劳动密集型产业出口增速放缓，但高新技术产品出口却加快步伐：浙江计算机与通信技术产品出口 75.9 亿元，同比增长 18.4%；民营企业出口高新技术产品 87.8 亿元，同比增长 13.7%。

---

① 高新技术产品是指以新原理、新技术、新工艺、新材料生产出来的，具有较高科技含量和较高附加价值的产品。

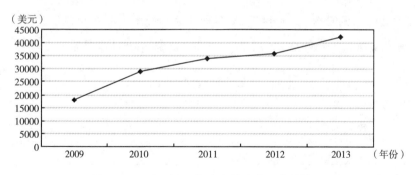

图 6.4　2009 ~ 2013 年高新技术产品出口情况

资料来源：根据历年《中国高新技术产业统计年鉴》绘制。

6.4.2　对外贸易量变动呈现周期性规律变动

由于战略性新兴产业的整体数据获得存在困难，而高新技术产品与战略性新兴产业的关系密切，而且具有一定的代表性，所以，本书选取高新技术产品的数据进行定量分析。

2009 年 1 月至 2014 年 5 月每月高新技术产品出口变化情况如图 6.5 所示。每年 1 月到 12 月之间，高新技术产品出口大体呈现逐月递增的态势，出口变化呈现以年为周期的循环变化的规律特点。对高新技术产品进行季节

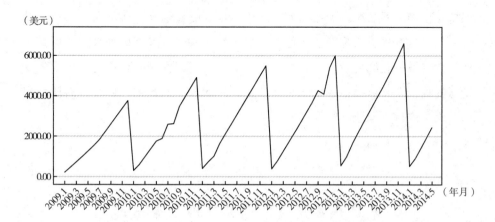

图 6.5　2009 年 1 月至 2014 年 5 月高新技术产品出口序列图

资料来源：根据历年《中国高新技术产业统计年鉴》绘制。

性波动分析，见表6.7，越接近12月份，高新技术产品的出口量越大，而到
1月份又重新从一个低点开始上升，呈现一个按年循环逐月增加出口的规律。

表6.7 季节性分析结果

序列名称：出口额

期间	季节性因素（%）
1	15.6
2	28.5
3	45.2
4	61.4
5	76.6
6	90.5
7	105.4
8	120.1
9	138.8
10	154.4
11	173.1
12	190.4

由上面的分析可以看出，高新技术产品出口从整体来看，2009~2014年
保持平稳的发展状况，但在2011和2012年度增长幅度有所下滑，从高新技
术产品出口按月进行规律性变化的情况来看，并没有呈现因外来因素影响出
现规律性被打破的现象。因此，为进一步分析战略性新兴产业对外贸易的变
化与特点，需要对典型战略性新兴产业的外向发展状况进行研究，对所得出
的结论，进行更深层次的阐释。

6.5

典型战略性新兴产业外向发展实例

欧美对中国外贸影响最多的产业主要集中在新兴产业和高端制造领域，

表现在反倾销、反补贴和知识产权保护等内容上，这种趋势已经越来越明显。

6.5.1　光伏产业发展遭遇"双反"措施

光伏产业在中国发展迅速，属于具有一定比较优势的产业，它作为战略性新兴产业也倍受许多国家的重视，光伏产业将成为继 IT、微电子产业之后又一迅猛发展的重要产业。中国是全球最大的光伏生产国，从 2011 年全球光伏产品的出口额来看，中国这一指标为 279.5 亿美元，详见表 6.8，中国位居世界第一，之后相继是日本、韩国和美国等国。2010 年，中国光伏产业的年产值突破 3000 亿元人民币，带动的就业人员也超过 30 万。[①] 但是，光伏产业的消费市场主要在国外，国外的政策变动直接影响我国光伏产业的发展。

表 6.8　　　　　　　　2011 年全球光伏产品出口额前 4 位的国家　　　　单位：亿美元

国家	中国	日本	韩国	美国
排名	1	2	3	4
出口额	279.5	66	38.8	29.6

2012 年 9 月 6 日，欧盟正式宣布对华光伏组件、关键零部件如硅片等发起反倾销调查，涉及产品范畴超过此前美国"双反案"，涉案金额超过 200 亿美元，是迄今为止欧盟对华发起的最大规模贸易诉讼。中国光伏产品每年约 70% 产能都销往欧洲市场，这一措施对中国光伏产业的影响巨大，有的产业甚至濒临倒闭的边缘。

2012 年 12 月，美国正式宣布向中国光伏企业加征高达 249.96% 的高额"双反"税率。随之，一些中国组件企业将电池片环节交由海外代工，来绕开惩罚。根据美国的统计数据显示，美国此次终裁的主要目的是全面限制中

---

① 詹政，向洪金，"双反"措施的经济效应分析：以美国对华光伏产品为例 [J]. 产业经济研究，2014（2）：65 - 74.

国对美出口晶体硅光伏产品。2014 年 1 月 23 日，美国商务部发布公告，对中国出口的光伏产品再次发起"双反"调查，这是继 2011 年以来对中国光伏产品发起的第二次"双反"调查。2014 年光伏产业面临欧美"双反"、产能过剩等压力，有一批企业面临淘汰，企业兼并重组在所难免，光伏产业面临诸多难题，完全脱困还需要很长一段时间，在这种形势下，光伏企业需要积极应对诉讼，主动拿起法律武器捍卫自己的合法权益，并积极响应国家政策，调整企业发展模式，对企业进行转型升级。

对于光伏产品遭遇双反措施的经济效应，有学者利用商业政策分析系统利用 2000~2011 年的数据进行了计量分析，见表 6.9。研究认为，"双反"措施虽然使中国出口到美国的光伏产品价格上涨，出口量下降，但美国对光伏产品的需求是刚性需求，反而使价格的上涨幅度抵消了一些外在原因导致的负经济效益，最终使出口收入仍然呈现增加的结果。

表 6.9　　　　　　　反补贴税对中国光伏产品对美国出口的影响

中国涉案光伏产品对 美出口价格变化	中国涉案光伏产品对 美出口量变化	中国涉案光伏企业对 美出口收入变化
3.4%	−2.2%	1.2%

综合以上结论，可以看出，中国光伏产品在对外贸易方面具有一定的优势与国际市场份额，虽然受到国外政策变动带来的一定的冲击与压力，但是作为高新技术产业而言，它的发展潜力巨大，尤其在发达国家中其需求呈现刚性的特点，这就足以印证，它在国与国贸易及各国发展中的重要性。因此，我国光伏产业需要政府进行积极的引导，采取有效的措施帮助企业积极应对风险，尽可能降低外向发展中面临的风险，保证产业的平稳发展。

6.5.2　其他新能源产业贸易争端不断

截至 2011 年，"337 调查"总共发生了 825 起，涉及的国家和地区有 65 个，以中国为主。2012 年前三季度，中国出口产品遭遇国外贸易经济调查

55 起，增长 38%，涉案金额 243 亿美元，增长近 8 倍。[①]"中国制造"频频遭遇外国贸易摩擦，中国企业倾销商品的案例已位居美国反倾销案榜首。中国已经成为美国"337 调查"的最大受害国，在已判决的相关案件中，中国企业的败诉率高达 60%，远高于世界平均值 26%。[②]

2010 年 10 月 15 日，美国对中国的新能源产品补贴政策启动 301 调查，涉及中国的风能、太阳能，高效电池和新能源汽车。2011 年 5 月，美国国际贸易委员会发布了一份知识产权报告，这份报告涵盖对中国知识产权侵权现状的详尽调查结果，以及中国知识产权侵权和促进本土创新政策对美国经济的影响，并将矛头直指风能、电信设备（移动电话）、软件、汽车、民用飞机及其组件等中国新兴产业。2012 年 3 月，美国商务部初裁对中国输美太阳能电池征收 2.9% ~4.73% 的反补贴税。同年 5 月 17 日，美国商务部初裁对中国输美太阳能电池征收 31.14% ~249.96% 的高额反倾销税。

6.5.3　LED 产业急需加强知识产权保护

随着产业升级优化步伐的加快，我国出口商品的附加值越来越大，而且出口份额也不断上升。在国际竞争中，竞争对手为了保证自身的竞争地位，必然会选择以各种方式影响我国产业的出口，而由于很多企业知识产权保护意识淡薄，对品牌与商标的维护工作不重视，导致我国企业经常遭遇国外跨国公司的国际知识产权诉讼，致使我国 LED 企业受到很大的经济损失。

以 LED 产业为例：在 LED 照明领域，中国专利申请量比重占全球总量超过 1/3，但中国申请人在 LED 半导体照明领域的发明授权率和技术含量普遍偏低，更侧重于产业下游，核心技术专利申请量不足，重要专利仍集中在日亚、欧司朗等国外公司手中；在 LED 照明背光显示领域，国外来华专利申

---

① 谷玲. 当前我国贸易摩擦频发的现实困境与对策研究 [J]. 中国商贸, 2013 (19)：160 -
161.

② 程丽丽，刘丽丽，姚娜. 中国轮胎面对美国"337 调查"的对策研究 [J]. 北方经贸, 2014
(2)：2 -3.

请所占比重较大（43.7%），特别是日本和韩国企业在中国大陆地区专利布局较多，整体优势明显，国内专利申请人虽已具备一定的技术实力，但专利质量与国外尚存在一定的差距。

表 6.10 为中美 LED 专利权人排名对比。从表 6.10 中可以看出，中国 LED 专利权人排名第一位的是飞利浦，而在美国 LED 专利权人的排名中，飞利浦排名第二，飞利浦是荷兰著名的公司，从中美 LED 专利权人排名对比来看，只有海洋王照明科技股份有限公司是中国的，其余都是美国、韩国、德国和日本等国的企业。

表 6.10   中美 LED 专利权人排名对比

排名	美国 LED 专利权人排名	中国 LED 专利权人排名
1	三星	飞利浦
2	飞利浦	LG
3	柯达	欧司朗
4	日亚	夏普
5	欧司朗	友达
6	施乐	海洋王照明科技股份有限公司
7	晶能光电	科锐
8	IBM	株式会社半导体能源研究所
9	克里	日亚
10	罗门哈斯	东芝

注：中国专利为发明授权专利权排名，时间截至 2011 年底；美国排名统计截至 2010 年底。

表 6.11 为国内外专利数量分布的对比。从表 6.11 中可以看出，国内申请的专利更多地集中在封闭和应用方面，国内发明专利数量明显比国外发明授权数量少。从专利数量上和质量上对国内外的情况进行比较，明显可以看出，在知识产权方面，中国企业 LED 企业与国外在技术上存在一定的差距，知识产权方面的欠缺，使我国 LED 企业在国际竞争中处于劣势，明显体现出我国 LED 企业技术上还有很大的提升空间，企业对专利的数量和质量都应该积极给予重视。

表 6.11   国内外专利数量对比

技术领域	国外数量	国内数量	总数	国外发明授权	国内发明授权
外延	387	416	793	340	114
芯片	1512	730	2242	279	134
封装	4090	11690	15699	1303	1340
应用	3951	18292	22207		

资料来源：上海硅知识产权交易中心。

　　总之，对知识产权的重视与保护，在 LED 企业的国际化发展方面发挥着重要的作用，知识产权已成为企业参与全球竞争的通行证，企业需要加快提升专利的质量与数量，促进企业创新；熟悉国际知识产权法规，防范国际知识产权保护过程中可能存在的诉讼风险。知识产权的保护与加强工作已经直接影响到企业外向发展的速度，诉讼的风险不仅会直接影响到企业的利益，甚至可能会影响到企业的存续问题，因此，重视知识产权工作对于保证企业平稳地外向发展有着重要的现实意义。

6.5.4　新能源汽车产业蕴藏巨大的外向发展潜力

　　汽车行业的发展对促进经济增长和就业率提高起着重要的推动作用。随着中国汽车产销量的不断增长，汽车行业的就业带动效应将进一步增强。汽车产业作为一国的重要支柱产业，它所能带动的就业人数决定了各国必须对其加以保护和扶植，以促进经济持续发展与就业水平稳步上升。随着中国汽车保有量的不断攀升，有关汽车消费商品的市场需求会更加旺盛。从产业链发展来看，汽车行业的发展可以带动的产业包括：钢铁、电气、橡胶、机械，等等。汽车行业的发展不仅可以推动地方经济发展，加强税收效应，而且在带动就业方面的作用显著，因此，汽车产业发展一直倍受各国政府关注。中国汽车工业是国民经济的重要产业，尽管受到国外经济不景气的影响，但是从总体来看，其发展依然比较平稳。

6.5.4.1　中国汽车产业的发展态势

　　2001 年，我国汽车工业总产值为 44331852 万元，2002 年为 62246394 万元，截至 2010 年已达到 302486165 万元，是 2001 年的 6.82 倍。从表 6.12 中可以看出，汽车工业总产值一直保持持续稳步增加的态势，汽车工业销售产值也逐年稳步上升：2001 年汽车工业销售产值为 43389889 万元；2010 年汽车工业销售产值已达 299640274 万元，是 2001 年的 6.9 倍；2011 年，该指标达到 46290.93 亿元，同比增长 16.61%，在全国工业销售产值中所占的比重高达 5.53%；2013 年 1~2 月，汽车制造业工业销售产值达 8060.84 亿元，同比增长 15.96%。2001~2010 年全国汽车工业总产值与销售产值情况见表 6.12。

表 6.12　　　　　　　　2001~2010 年全国汽车工业总产值与销售产值

年份	汽车工业总产值（万元）	汽车工业销售产值（万元）	汽车工业销售产值增长速度（%）
2001	44331852	43389889	—
2002	62246394	60821956	40.18
2003	83571570	82048162	34.90
2004	94631639	93061416	13.42
2005	102233353	102411213	10.05
2006	139375342	137469137	34.23
2007	172420240	170655239	24.14
2008	187805358	187278178	9.74
2009	234377996	235295633	25.64
2010	302486165	299640274	27.35

资料来源：根据《2011 年中国汽车工业年鉴》资料整理计算汇制。

从汽车工业的整体发展情况来看，其一直保持持续上升的发展态势。虽然从汽车工业销售增长速度来看，2008 年金融危机影响下，增速有所下滑，但是从总量上看，汽车工业总产值与汽车工业销售总产值一直保持平稳增长的趋势。

2008 年受到金融危机等国外宏观经济环境变化的影响，我国汽车工业销售产值同比增长速度有所减缓，由 2007 年的 24.14%，降为 9.74%。据国家统计局数据显示，2008 年汽车制造业各主要经济指标增长率远低于上年水平，这表明受到国际经济形势的影响，国内汽车行业经济运行出现了速度放慢的态势。但是，这并没有影响中国汽车产业快速发展的趋势，因为 2011 年中国汽车出口总量仅占总产量的 5.5%，2010 年为 3%，金融危机前也只是 6.9% 的水平。国内的汽车消费是推动汽车继续向前发展的主要力量。本书选取 1998~2008 年中国汽车产量和销量的数据对此进行实证分析。分析本年汽车的产量与上一年度销量的关系，设 Y_i 为 i 年汽车的产量，X_i 为 i − 1 年汽车的销售量，建立一元线性回归数学模型为：

$$Y_i = a + bX_i + \xi$$

其中，a、b 为模型的未知参数，分别为回归常数和回归系数，ξ 是回归模型的随机误差，$\xi \sim N(0, \sigma^2)$，利用 SPSS 软件对数据进行线性回归分析，结果如下：

$$b = 1.108, \quad a = 328757.963$$

一元线性回归方程为：$Y_i = 328757.963 + 1.108X_i$，两个变量的相关系数 R 为 0.986，$R^2$ 为 0.973，F 检验统计量的观察值为 289.775，相应的概率 p 值为 0.000，小于 0.05，可以认为变量 X 和 Y 之间存在线性关系。回归系数为 1.108，回归系数 T 检验的 t 统计量观察值为 17.023，T 检验的概率 p 值为 0.000，小于 0.05，可以认为回归系数有显著意义。由此，可以看出本期的汽车产量和上一期的汽车销售量在数据上是呈显著相关的。一旦本期汽车的销售量受到影响，对下一期汽车产量也会产生连带的影响。这进一步验证了中国汽车销量在金融危机发生的背景下也受到了冲击，致使汽车产量和汽车工业销售产值增速均出现了放缓，受国际经济形势变化影响，中国汽车产业在 2008 年经历了较大的波动，但是在 2009 年我国通过汽车产业调整振兴规划，并对汽车实施稳定出口退税、加大融资等多项支持措施之后，汽车工业销售产值增长恢复平稳发展的势头，2009 年和 2010 年我国汽车工业销售产值增长速度分别达到 25.64% 与 27.35%。这印证了国内政策对汽车产业的发展发挥的作用更大，中国的汽车销量现在更大的比重是在国内。

通过以上的分析，可以看出，中国汽车产业的发展整体而言比较平稳，汽车产业的发展空间还很大，在国外汽车行业不景气和就业低迷的状况下，中国汽车产业虽然也受到影响，但是影响程度不大，只要能够保证产销量稳步增长，它对经济的推动作用还会不断提升。

6.5.4.2 汽车产业的就业带动效应

汽车产业对就业的促进作用远远高于其他工业和制造业类别，从整个汽车产业链上来说，上游有庞大的零部件制造企业，下游有众多的经销商，除此之外，还有例如汽车代驾、汽车美容等庞大的衍生行业，汽车行业中蕴藏的就业潜力巨大。

1999～2008 年间，仅从中国汽车制造业的就业带动情况来看，全部从业人员的平均数整体上呈现稳步持续上升的发展态势，从 1999 年的 100 多万人，发展到 2008 年 200 多万人，汽车制造业占工业人员平均人数比重也同样呈现上升的发展趋势，具体情况如图 6.6 所示。直至 2011 年，汽车工业已为 370 万人提供了就业，占全国城镇就业人口的 2.6%。

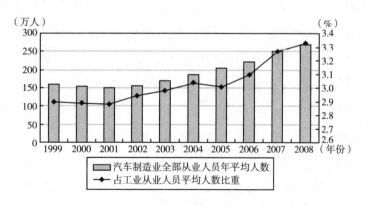

图 6.6　1999～2008 年汽车制造业对增加就业的贡献率

资料来源：《2009 年汽车行业年度报告》。

由图 6.6 可以看出，随着汽车产销量的不断增长，汽车行业的就业贡献率会进一步提高，为更大地发挥汽车行业的经济效应，扩大就业带动作用，还可以进一步挖掘与分析汽车行业的就业潜力。

按照全世界汽车行业发展经验的分析，其发展都符合"微笑曲线定律"，也就是汽车产业链的价值重心将会向两边——上游研发设计环节和下游销售服务环节转移，而这些行业的就业需求也会逐步提升，也就是说不仅汽车制造业具有巨大的就业容量，而且汽车服务行业也将逐渐成为重要的"黄金市场"。从汽车发达的国家就业状况来看，例如美国——被称作"车轮上的国家"，每 9 个工人中就有 1 个从事的工作与汽车有关，汽车的生产、销售、服务等方面都非常发达。从中国汽车产业的发展趋势来看，随着产业链的建设与完善，汽车行业能容纳的劳动力将继续处于一个增长的态势。中国汽车服务将会从专业化走向多样化：随着汽车类的信息咨询公司、汽车广告和公关公司、非汽车企业的金融服务公司等企业的陆续出现，汽车服务的个性需求会增加，像汽车美容与代驾等新的就业需求不断涌现，汽车服务行业的就业潜力会得到进一步提升。

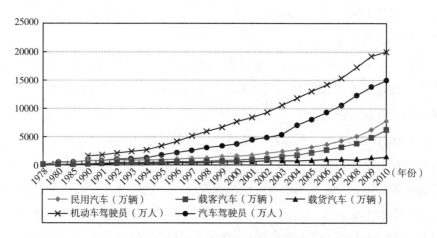

图 6.7　1978～2010 年中国民用汽车、载客与载货汽车及驾驶员数量变化

资料来源：根据《中国统计年鉴 2011》数据整理绘制。

从汽车行业需要的驾驶人员角度来分析，如图 6.7 所示，随着中国汽车销量的不断攀升，仅从交通运输的驾驶人员数量增长来看，机动车和汽车驾驶人员数量的增长速度明显大于载货、载客和民用汽车数量的增长速度。1978 年民用汽车 135.84 万辆，载客汽车 25.9 万辆，载货汽车 100.17 万辆；2010 年民用汽车已达 7801.826 万辆，载客汽车已达 6142.132 万辆，载货已达汽车 1597.554 万辆；而 2001 年汽车驾驶员为 192.45 万人，2010 年这一指标达到 15129.89 万人，是 2001 年的 78.617 倍。由此可见，随着中国汽车销量的递增，驾驶人员的数量也成倍地增加，仅从对驾驶人员的就业需求来看，随着中国汽车业的发展，汽车产业所能带动的就业量会进一步提升。

不仅如此，根据美日德等发达国家汽车行业的发展规律来看，当人均GDP超过一千美元时，个人的消费目的与需要会发生改变，社会消费结构向发展型和享受型迈进，即家庭购买汽车的主要目的不再是为了商业用途，而更多的是为了满足人们物质和文化需要，满足精神需求。世界发达国家汽车服务业的贡献大约是汽车制造业的 4 倍，利润则占到整个汽车产业的 50% ~ 60%。在发达国家汽车美容养护业的比重占到整个汽车服务市场的 80% 左右。2008 年金融危机后，汽车业虽然在美国整体经济中的贡献率在下降，但汽车业仍是美国制造业中带动就业的第一行业。据资料显示，在美国，从事汽车制造业及其相关产业的雇员共有 310 万人，汽车制造业在全国劳动力市场中占有举足轻重的地位，而这当中并不包括汽车制造业之外的衍生行业，这也正是时任美国总统奥巴马重视汽车企业和整个汽车产业链条的重要原因，因为汽车对增加就业岗位有重要的作用。由此，我们可以推断，随着中国汽车保有量的不断上升以及城镇居民工资收入的不断提高，对汽车服务的需求会快速增加。通过汽车产业链的拓展与延伸，汽车行业将会带动更多的就业人数，例如，在汽车广告、汽车保险、汽车代驾和汽车美容等服务领域中就业需求不断涌现。因此，在汽车服务行业中，鼓励创业与灵活就业，会更加促进潜在的就业机会转换为现实的就业岗位，提升汽车服务行业的就业带动效应。

6.5.4.3 新能源汽车发展迅速，逐步拓展对外贸易

自从中国成为汽车产销第一大国之后，汽车带来的环境污染和能源消耗问题也变得更加迫在眉睫。就目前而言，新能源汽车发展的基础设施还不是很完善，新能源汽车技术也不是很成熟，但是基于中国汽车产业良好的发展基础与国家强有力的支撑政策，新能源汽车将会快速发展。

2014 ~ 2016 年，中国新能源汽车销量分别为 7.48 万辆、33.1 万辆和50.7 万辆。2015 年开始，国内新能源汽车开始得到更为广泛的消费认可，越来越多的消费者开始接受新能源汽车，新能源汽车销量猛增。据中国汽车

工业协会的数据显示，2017 年 1～4 月，新能源汽车生产 9.58 万辆，同比增长 1.4%，销售 9.04 万辆。2016 年新能源乘用车销量分布中，北京、上海、青岛成为新能源三大消费城市，分别销售出 6.3 万辆、4.2 万辆和 2.7 万辆。截至 2017 年 5 月，国内共有 14 家企业的新能源乘用车项目拿到生产资质，规划产能总计 81 万辆。以 200 万辆的销量目标推算，所需的新能源汽车企业规模将维持在 30 家左右。《节能与新能源汽车产业发展规划（2012－2020年)》中预计，2020 年中国新能源汽车累计销量将超过 500 万辆。届时，中国将成为全球最大规模的新能源汽车市场。

综上所述，中国汽车的主要消费市场目前主要是在国内，基于中国汽车产业雄厚的发展基础，新能源汽车无论是从国内市场还是国际市场来看都存在潜在的巨大发展空间，作为国家支持的战略性新兴产业而言，中国的新能源汽车既要快速发展技术，又要逐步拓展国外市场，这既需要国家政策的扶持，也需要企业从产业链上研发、采供、生产、配件和售后服务等众多环节上去促进自身外向发展与合作。

6.5.5　数字创意产业获得重视

2013 年，习近平总书记在全国宣传思想工作会议上强调，要"讲清楚中华优秀传统文化是中华民族的突出优势，是我们最深厚的文化软实力。"一个国家的文化软实力，主要表现为自己的话语体系、价值理念、思维方式、人文科学、生活方式、社会制度等方面，是否为本国人民所认同、所遵循，是否为世界人民所接受、所羡慕、所敬仰。2014 年，文化部、财政部联合印发了《关于推动特色文化产业发展的指导意见》，为我国当前的文化产业发展作出了具体安排。特色文化产业是指依托各地独特的文化资源，通过创意转化、科技提升和市场运作，提供具有鲜明区域特点和民族特色的文化产品与服务的产业形态。

从经济效益看，文化产品投入市场后，其经济效益才会逐渐显现，它的价值取决于文化的价值；从社会效益看，文化产品，例如电影与电视等，对消费者的影响时间持久；从文化营销视域看，文化生产和消费是中华文化传承创新的重要途径。

当今世界是一个开放、包容、科技变革日新月异的世界。数字创意经济已被定位为我国国家战略新兴产业，它的未来发展方向是多样化的。未来文化创意产业的发展呈现五个趋势，即信息化、虚拟化、体验化、跨界化和国际化。数字创意产业是以文化创意内容为核心，依托数字技术进行创作、生产、传播和服务，引领新供给、新消费的新型文化产业门类。随着 VR、直播、网剧、弹幕等新业态快速冲击并占据文化消费市场，我国数字创意产业已经进入高速发展期。[①]

6.5.5.1　数字创意产业助力民族文化国际传播

通过"互联网＋"模式，文化企业利用信息通信技术，把互联网和民族文化传统行业结合起来，创新发展模式，不断满足人们日益增长的消费需求，实现了有效的文化产品供给，提高了经济效益，也更好地完成了保护民族文化的任务。

第一，"互联网＋"与民族文化传统产业的融合，实现了文化企业营销模式的创新，扩大了文化产品销售市场，提升了品牌影响力。随着信息技术的发展，网络营销与管理的作用日益凸显，这使民族文化产业突破地域限制，通过网络更充分地向消费者渲染民族风情，拉近民族文化与消费者之间的距离，实现了有效管理与营销。文化企业与客户之间借助科技手段可以远距离传递形象、生动、具体的信息，实现有效地信息沟通；商家可以通过在线宣传与活动创造，科学地管理客户关系，实现其营销目的；文化企业运用新科技、新体验等方式制定市场营销策略，运用大数据进行产品比较、价格制定，不断创新消费模式，创造现代的、时尚的、具有民族特色的文化产品供给。"互联网＋"使过去传统的营销方式发生改变，民族文化产业通过B2B、B2C 等商业模式提高了产品销售水平，具有民族特色的文化产品可以实现跨域展示与购买，还可以实现线上与线下有机结合，创建了新电商经营

---

① 王艳秀. 基于"互联网＋"时代的民族文化产业发展研究［J］. 云南社会科学，2016（3）：185－188.

模式。2014 年，北京举办第二届惠民文化消费季，仅两个月，消费者通过网络订票、文惠卡等方式进行的累计消费金额达 101.4 亿元，正是因为互联网与数字化的便利，消费者的文化消费意愿得以激发，文化产业根据消费者需求实现了有效供给。[①]

第二，"互联网＋"利用现代科技手段促进了民族文化产业的产品多样化，满足了消费者的个性精神需求。随着人们收入水平与受教育水平的提高，人们开始追求更高层次的精神需求，消费者的行为更加趋于个性化与理性化。通过互联网，消费者可以在更短的时间内收集有关产品的信息进行比较，挑选最优的购买方案。借助科技手段，文化产品的科技含量得以提高，产品的生产周期得以缩短，产品的更新换代速度也开始加快，日益丰富的文化产品供给，使具有高科技特点的文化产业的利润不断增加，企业数量也不断扩大，截至 2014 年，中国文化产业法人单位超过 130 家（不包括个体户），资产总额超过 10 万亿。在文化产业激烈竞争的背景下，民族文化产业由于具有原汁原味的特色，以及借助现代科技手段设计多样化的产品，满足了更多消费者的个性需求。民族文化产品愈加新奇与时尚，不同民族风情的文化产品推动了人们个性化的消费，通过互联网，消费者足不出户就能浏览文化产品的信息，了解有关民族故事，"互联网＋"的发展模式使民族文化产业更为便利地为消费者提供产品与服务，也让消费者比以前更能全面的诠释不同的民族风格与文化寓意。通过"互联网＋"的发展模式，使民族文化资源通过合理地开发、生产等商业化运作实现了更大的经济效益，与此同时，在文化产业化发展过程中，文化会实现精炼与再造，会继续促进文化的多样性发展，使民族文化的独特性与多样性能以更多的形式与方式得到利用与保护。[②]

第三，"数字化与网络化"发展帮助民族文化资源开发与民族文化保护实现双赢。民族文化在其发展的过程中，必然会经历外来文化的影响与同化，原有的价值体系与风俗习惯等可能因此发生改变，微观个体缺乏理性的

---

①② 王艳秀. 基于"互联网＋"时代的民族文化产业发展研究［J］. 云南社会科学，2016（3）：185－188.

文化模仿会使民族文化中原有的特色逐渐丧失。因此，在促进民族文化资源产业化发展的过程中，需要通过图像整理、数字化等方式来实现保护民族文化、传承文化精髓，使民族文化产业化过程中原有的民族特色文化不被变异开发，保留民族特色文化物质形态的原貌，且在精神形态方面，能够继续实现优秀文化的代际传承。图片、影像和声音等方式可以实现更有效的文化资源展示，利用互联网的传播优势，可以使它们进入现代人们的生活，让更广泛的消费者接触和认知这些宝贵的精神财富，还可以制定娱乐化和产品化的策略，让消费者通过网络既能学习传统文化，又能娱乐互动，体验传统文化的内涵，使民族文化的保护与传承实现有机结合，互推互动。民族文化是一种巨大的财富，它的利用与保护既要体现"软实力"的重要作用，也要在产业化发展中丰富其物质形态的表现形式，更加突显民族文化的特色。中国有 56 个民族，各有特色，民间艺术也种类繁多，这些都是凝结了智慧的财富，中国民族文化的保护与产业化可能在不同地区的方式、方法不同，但是，目标是相同的，在保护民族文化遗产的前提下，要发展文化产业，利用宝贵的民族文化财富，将文化资源转化为生产力，更好地弘扬民族特色文化。①

随着互联网的发展，文化产业也将被助推升级，传统文化产业各自为政的局面将被部门间日益融合的发展模式所取代，由此，传统的文化业态开始发展转型，例如，纸质出版向网络媒体转换，消费者也从被动接收信息向主动挑选信息转变，更加注重数字化文化产品的消费与体验；一些新兴的文化业态在加速结构升级，例如，移动多媒体、数字出版、动漫游戏与文化创意等文化产业日益发展，进一步助推文化与科技深层次地融合，从而带动了信息通信、文化娱乐等产业的发展。在科技与文化多角度、多方式融合的背景下，民族文化产业的发展会创造出新的经济增长点，更好地满足人们日益增长的多样化的精神文化需求。

---

① 王艳秀. 基于"互联网＋"时代的民族文化产业发展研究 [J]. 云南社会科学，2016（3）：185－188.

6.5.5.2 "互联网+"融入民族文化产业发展的路径建构

在互联网迅速发展的背景下，需要用"互联网+民族文化"来构建和发展民族文化产业链，促进民族特色文化产业化，实现文化产业的跨越式发展。"互联网+"的提出，为文化产业的创新提供了新的方式与经济形态，它将成为企业、地方整合资源，加强文化宣传跨域化发展的重要路径。"互联网+"发展下的网络虚拟环境设置可以使人们跨国了解地域风情、地貌特点；信息化、数字化为文化品牌在产业链上强化价值创造提供了条件。民族文化产业化发展需要借助"互联网+"强化产业优势，完善产业链条。

第一，"互联网+民族旅游"，推进和完善民族文化旅游产业链。民族文化是民族地区重要的旅游资源，与旅游业的可持续发展联系密切。由于不同民族间在服饰、风俗、语言等方面存在差异性，以民族文化为特色的旅游会使所在区域具有比较优势与吸引力。具有民族元素的文化旅游会使体验者从思想上受到启迪，而且一些民族文化与主流文化的差异更会凝聚众多旅游者的关注，自然、纯朴的民族风情与生态美景会让观光者流连忘返。互联网的发展使消费者通过网络对旅游产品进行线上对比与选择，方便快捷，可以对信息进行更有效的沟通。民族文化作为旅游业中的亮点，依托旅游业的发展，一些文化艺术演出、艺术产品等交易将会更加频繁。由于具有民族特色的旅游体验效果不会被虚拟环境完全取代，线下自然也不会被线上完全替代。只有具有异质特色的旅游才能可持续发展，其利润才能被保证，不同地域民族的特色风情与独特文化资源赋予了当地旅游以特色优势，有利于实现不同地区旅游的差异化发展。随着市场竞争日益加剧，旅游产品的品质会为保证自身的优势特色不断实现"质"的提升，企业为追逐利益不断创造有特色的文化产品，深度开化民族文化产品与项目，由此带动物流、餐饮和住宿等其他行业，使产业链不断完善。

第二，"互联网+文化艺术"，创新文化艺术产业发展新路径，提升文化艺术影响力。利用高科技手段，中国文化企业可以将民间水墨画、戏曲和皮影等传统文艺进行创作，使之与动漫、3D 等元素进行创新结合，使产品多元化；结合现代多种营销模式，扩大国内外市场占有率，从而进一步提升民族文化品牌。通过互联网，中国文化企业改变了传统发展模式，在多元文化交流的背景下，更好地向外宣传，尤其是对非物质文化遗产类产品也可以实现多种形式创新发展，这些文化产品在人们的生活中可以更加彰显出其美学创意。非物质文化遗产是中华文化的精髓，是一个民族与国家自尊、自信的精神归宿。以西藏地区的民族文化为例，非物质文化遗产在现代化发展的背景下，一些民族文化的精粹在发生蜕变，部分传统技艺甚至到了濒临消亡的地步，后继问题日益突显，若借力数字化、信息化的发展趋势，可以通过录音或数字化多媒体等多种手段系统地记录真实的非物质文化遗产，实现非物质文化遗产的数字化传承。在保障国家文化安全的前提下，需要将非物质文化遗产这块"活化石"更好地创新传承。借助互联网，民族文化艺术"走出去"的方式得到创新，实现更多的国外消费，文化创意产品的国际化设计，更是使不同文化得到更好的交流。信息化、数字化发展的大趋势也要求民族文化的传播方式进一步创新，努力占据文化传播和文化发展的制高点。

第三，"互联网＋文化教育"，弘扬优秀民族文化，增强民族自信与责任感。文化体现着人与人、人与自然的和谐关系。民族文化则是渗透在一个民族行为当中的观念价值体系。每个民族都有其自身独特的文化内涵，一个民族文化价值的体现需要科学合理地、不断地、多种方式地开发。随着各国经济文化联系的日益紧密与国际竞争的日益加剧，重视民族文化教育，强化本土知识教育体系刻不容缓。互联网的发展在给文化教育带来发展机遇的同时也给其带来了挑战。网络文化的发展给本民族文化的传承与发展带来了冲击，例如，西方国家推行文化霸权主义，国外文化的输入直接影响本土文化的传承。但是，如果积极合理地利用网络教育，营造纯洁、健康的虚拟环境，提高民众的道德判断能力，树立正确的价值观，推进教育现代化的发展，将会加强人们对本民族文化的认同感与归属感。而且在"互联网＋民族文化教育"模式下，可以更便利地对旧的文化传统与习俗进行进一步的鉴别、选择和改造，使它们符合时代发展的要求，改造成为现代化的教育传统。

第四，"互联网＋产业金融"，依托互联网金融，解决民族文化产业融资难问题，帮助企业扩大规模。我国大量的文化产业存在"既弱又小"的问题，产业集聚不明显，是在少数民族地区表现得尤为明显，文化产业市场化程度低、资金融入渠道少且不足、产业环境不配套等问题严重，使具有民族特色且可以商业化运作的文化资源不能被充分利用。在地处较偏或经济发展较慢的少数民族地区，文化企业不仅没有形成规模，而且有形的文化产品少；另外，其企业发展的资金紧缺，地区的硬环境和软环境建设都明显滞后，即使有政府投资与银行贷款，与企业需求的资金之间仍存在较大的缺口，欠缺股权融资、风险投资与发行债券等多样化的融资方式。因此，发展民族文化产业，仅依靠政府资金力量投入使之发展壮大是不现实的，而是需要吸引社会资本参与，需要通过文化体制改革，将民族文化建设与现在新的融资模式结合起来。在互联网平台下，文化企业的融资方式可以实现创新，例如，通过众筹、股权投资等进行多渠道的融资。众筹依托互联网进行拓展，是中小文化企业或个人融资的有力补充方式。文化企业可以通过专门的众筹网站，在资金紧缺时，预先向大众募集资金。总之，随着互联网金融的发展，文化产业的融资困难可以借助网络金融创新逐渐得到缓解，甚至解决。

民族文化的产业化发展，是一种将文化资源进行有效利用的重要方式，民族文化中某些特有的要素资源在发展与传播中会使原有的民族文化得到传播与再造，文化产业的发展程度是一国文明程度的体现，也是经济实力与产业结构优化的重要表现。在"互联网＋"模式下，可以更好地完成保护和传承民族文化的使命，企业可以不断创新发展路径与模式，使文化资源在开发方面进行多途径利用，更好地实现社会效益与经济效益的双赢。

对数字创意产业发展进行部署，不仅体现了国家规划的战略性和前瞻性，而且标志着文化产业在国民经济中的地位进一步凸显和提高。这对文化产业发展意义重大，进一步拓宽了文化产业的新的发展领域，强化了政府部门对文化产业的重视与投入，丰富了支持文化产业发展的政策措施，有利于促进文化与科技融合，催生新业态、创造新产品、引领新消费；有利于推动文化产业成为国民经济支柱性产业，与国民经济各门类融合发展；有利于更好地满足人民群众日益增长的精神和物质需求，引领时尚消费潮流和现代生活方式，让技术进步成果惠及人民群众的日常生活，让战略性新兴产业的发展为百姓带来更多的获得感和幸福感。

总之，从整体上看，中国的战略性新兴产业的外向发展还处于起步阶段，各国都在积极推进战略性新兴产业的发展。已经外向发展的战略性新兴产业，在一些国家虽然占有一定的市场份额，但是，受国外贸易政策变动的影响，产业发展会受到冲击；而对于对外发展刚开始起步的战略性新兴产业，存在着巨大的国际竞争潜力。因此，中国战略性新兴产业的发展需要以科技创新为基础，汲取发达国家战略性新兴产业的发展经验，既要逐步提高国际竞争力，又要稳固或提升国际市场份额，尽可能降低贸易风险。

第 7 章

发达国家战略性新兴产业发展
路径比较与经验借鉴

在全球努力克服金融危机的负面影响和解决失衡问题的背景下，世界各主要发达国家和经济体都把培育和发展战略性新兴产业作为本国经济发展的新引擎，根据各国的国情确定了不同的新兴产业作为优先发展的突破口。美国努力推动以"新能源"为核心的新兴产业发展；日本侧重新能源和绿色环保，在商业航天市场、信息技术应用、新型汽车、低碳产业、医疗与护理、新能源（如太阳能）等新兴行业采取了一系列重要举措，以促进战略性新兴产业在国际市场竞争中具有优势地位；欧盟等国家和地区根据产业情况确定了优先发展的领域，陆续出台了系列支持政策。总之，在全球经济失衡和很多国家急于摆脱经济危机影响的态势下，各世界发达国家努力把握历史新机遇，重要部署战略性新兴产业的发展，加速发展新引擎。

7.1
美国推动以"新能源"为核心的新兴产业发展

新能源又称非常规能源，包括：太阳能、风能、生物质能、海洋能、地热能和氢能等，与传统能源相区别，它可以蕴含无穷潜力，具有用之不尽、周而复始的可再生特点。

7.1.1 美国新能源产业的成长与动力保障措施

美国新兴产业的发展基础与美国对能源供求认识是密切相关的，纵观美国助推新兴产业发展的有关政策，当能源的供给在特定背景下预示可能会紧缺时，美国政府会提前积极地进行规划和政策推动，政府政策的宏观调控职能很好地弥补了市场失灵问题；而在能源供给充足的态势下，美国采取的是比较平稳的推动政策与手段。

7.1.1.1 支持美国新能源产业的政策不断完善

美国新能源产业的发展，需要追溯到第二次世界大战之前。1925～1930年和1937～1944年间，美国矿产部就已经开始了有关从煤炭提取燃油的研发实验。第二次世界大战后期，1944年5月，美国国会在《合成液体燃料法案》中决定投资3000万美元进行5年开发计划，以解决战时能源匮乏时的能源供给问题。此计划后来又延长期限为8年，追加6000万美元的投入。1973年、1979年石油危机再次引起美国对能源的重视，尼克松、福特和卡特总统执政期间均对合成燃料计划给予了高度的重视与支持。在20世纪70年代两次石油危机之后，"提高能源独立"一直被美国作为国家能源发展的国策。仅尼克松执政时期的投资就超过了1000亿美元，而且还成立了能源独立管理当局。不仅如此，20世纪70年代，核能也是美国能源独立计划的重要组成部分，每年政府投入的研发经费就达3亿美元。20世纪90年代，克林顿执政时期，新兴产业的重点在新型节能汽车上。在一系列政策的推动和汽车企业的研发努力下，新型混合动力汽车得到了消费者的认可，也成为美国新型能源产业中的重要内容之一。[①] 美国通过立法制定能源政策，从而引导能源的使用。能源政策优惠主要以财政优惠的形式出现，例如税收抵扣、减税、免税和特殊融资等。能源政策法案包括：《2005年能源政策法案》《2007年能源独立与安全法案》和《2008年紧急经济稳定法案》等。

---

① 巫云仙. 美国政府发展新兴产业的历史审视 [J]. 政治经济学评论, 2011 (4)：93 – 108.

2008 年金融危机以来，美国为了重振实体经济，陆续出台了一系列支持新能源产业发展的政策，具体情况见表 7.1。

表 7.1　　　　　　金融危机以来美国制定的与支持新能源发展的有关政策

时间	政策
2009 年 2 月	2009 年美国复兴与再投资法案
2009 年 4 月	美国创新制造领域一揽子新政策
2010 年 8 月	制造业促进法案
2011 年 6 月	高端制造伙伴计划（AMP）

2009 年 2 月 17 日，奥巴马签署《2009 年美国复兴与再投资法案》，投入 468 亿美元用于新能源和提升能源使用效率，其中，约 1/3 用于可再生能源项目，例如，美国会重视以甘蔗、玉米等为原料的乙醇等可再生能源，这对新兴产业发展起到了重要的提速作用。[①] 因此，有些专家认为，在引领低碳发展中，绿色经济将成为美国经济新的增长点。

2010 年 5 月 7 日，美国政府在能源部的 2010 财政年度预算案中，将 264 亿美元用于大规模扩大使用再生能源，同时改进能源传输基础设施，除此之外，还包括混合动力和插电式混合动力汽车、智能电网技术以及其他科研项目。2011 年，美国对清洁能源的投资为 480 亿美元，占全球清洁能源总投资额的 18.5%。[②] 美国通过新能源战略，努力实现经济与社会效益等多方面的共赢，既要加强环保，又要拉动就业，同时还要不断提升美国的竞争实力。美国政府在 2012 财政年向能源部提供近 295 亿美元的拨款，高于 2011 财政年 4.2 个百分点，比 2010 财政年高出 12 个百分点，其中，有 80 亿美元是用于支持风能、太阳能以及新式电池等清洁能源领域的研究。

---

①　商务部产业损害调查局，美国能源生产和消费结构正在发生改变 [N]. 国际商报，2012 - 07 - 24（A05）.

②　张伟. 美国：新能源战略力推节能环保产业 [EB/OL]. 新华网，http：//news. xinhuanet. com/politics/2013 - 08/21/c_125217607. htm.［2013 - 08 - 21］.

7.1.1.2 美国新能源产业发展取得一定的经济和社会效益

美国推动以"新能源"为核心的新兴产业发展，其战略意图在于实现消费社会向生产社会转型，加强本国的实体经济，彻底改造美国现有的生产和生活方式，而美国适时的政府干预也是促进新兴产业发展的主要推手。美国推动以"新能源"为核心的产业革命，这与美国的经济发展战略和发展模式变化及产业发展基础密切相关。正是在美国政府的不断支持与引进下，历经几十年的发展，美国新能源产业中的合成燃料、核能、新型节能汽车、乙醇燃料和生物燃料等，已经具备了前期研发基础，并且产生了一定的经济和社会效益。

2009 年 1 月 1 日，可再生能源生产能力在美国已达到 27.8 吉瓦。美国对外的能源依赖度正在逐渐降低，能源生产和消费结构发生了显著变化。美国能源自给率逐渐提高，在 2011 年达到 81.4%，是近 20 年来最高水平，且 60 年来首次成为成品油净出口国。[1] 据美国能源信息署统计，2011 年，在美国的能源消耗总量中，石油占比 35.3%、天然气占比 24.9%、煤炭占比 19.9%、可再生能源占比 9.1%、核能占比 8.3%；其中，前三大传统能源的占比逐年减少，合计占比 80.1%，较上年下降约 3 个百分点，如图 7.1 所示[2]美国能源消费结构变化主要得益于美国能源政策的调整，以及先进能源技术不断涌现，这推动了美国非常规油气资源的大规模开采和可再生能源的蓬勃发展。

2012 年，美国风能、太阳能等可再生能源产生的电力总量占比为 10%，2025 年这一比重预计会达到 25% 左右。[3]2016 年，美国太阳能产业雇工规模增长 24.5%，达到近 37.4 万人；而传统化石能源产业就业人数规模为 18.7 万人；即便是规模相对较小的风能产业，就业人数也增长 32%，达到 10.2 万人。

① 张茉楠. 美国"能源独立"如何影响世界 [EB/OL]. 和讯新闻, http://news.hexun.com/2013-01-14/150142748.html. [2013-01-14].
② 商务部产业损害调查局, 美国能源生产和消费结构正在发生改变 [N]. 国际商报, 2012-07-24（A05）.
③ 沈坤荣. 美国的战略性新兴产业发展趋势及其启示 [J]. 群众, 2011（8）: 76-77.

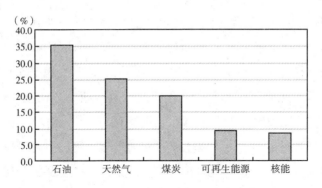

图 7.1　2011 年美国各种能源消耗比重

资料来源：美国能源生产和消费结构正在发生改变［N］．国际商报，2012 - 07 - 24（A05）．

总之，美国的能源结构已经发生重大变化，美国进口石油比例已经下降至 50%
以下，美国成为石油产品净出口国，在清洁能源投资领域跃居世界前列。

7.1.2　美国信息产业发展的支持政策与效应

美国是世界上最早支持信息产业和制定信息产业政策最多的国家，政府
在把握宏观经济格局的情况下，相继制定了信息产业发展的国家战略和多项
政策，对于信息产业的发展起到了强劲的助推作用。

7.1.2.1　不断完善法规促进美国信息产业发展

信息产业是一个产业关联度、感应度和带动性都很强的产业。美国的信
息技术水平一直走在世界的前列，它是全球最大的信息技术供给国，也拥有
全球最大的消费市场，很多关键技术都已成为大多国家研究行动的标杆，它
是美国科学技术的最重要组成部分。

自美国开始对信息产业重视以来，美国的支持政策不断出台，为信息产
业的发展奠定了基础。1950 年，美国成立国家科学基金会；1958 年，《贝克
报告》建议在国家科学基金会内设立科学情报服务局，信息在研发中的作用
备受关注，美国开始研究国家信息产业政策。1991 年，时任总统布什在
《国家的关键技术》报告中，对 20 世纪 90 年代的信息技术发展提出了总的

要求，同年，《高性能计算法案》制定并生效。之后，实施了《高性能计算与通信计划》；1993年时任总统克林顿制定了《国家信息基础设施的行动纲领》；1996年签署了旨在消除电信市场竞争的管理法规壁垒的电信法案；2000年，美国政府在年度预算中，用于超级计算机专项研究的拨款接近18亿美元；2004年，为确保核心技术的领先地位，"美国创新的基础"的重大研究发展计划被付诸实践。[①] 截至2014年上半年，美国主要风险投资都投向了以计算机和生物技术为代表的新兴产业，其中，接近50%的风险投资额集中在软件领域，12.9%的风险投资额投向了生物技术，其余投资领域包括：计算机及外围设备、电子仪器、IT产品及服务、网络设备、医疗健康、半导体、能源等新兴产业。

7.1.2.2 美国信息技术产业发展迅速

第二次世界大战后，美国信息科技发明比重占据全球1/2强。1967年，美国信息产业附加值占GDP的比重达到46%。20世纪80年代以来，个人计算机的使用得到普及，最著名的微软公司成为软件公司的成功典型。美国信息产业的销售额从1980年的678亿美元，增加到1991年的2035.5亿美元。1996年，美国信息通讯及软件在内的服务业的增长率达到了9.8%，超过制造业1倍以上，占GDP比重迅速达到22.2%，通讯产业需求增长率快速增加了6倍，总营业额在10年内增加了1倍，使用者付出的成本费用降到了原来的1/3。[②] 1995~2000年间美国软件业和计算机服务业的总产值年均增速高达17%，超过GDP的增长速度，其中，1999年信息产业的收入为7290亿美元，是1990年收入3300亿美元的2倍以上。1995~1999年，信息产业对美国经济增长的实际贡献率平均高达30%。[③] 1999年，信息产业给美国增加了5070亿美元的产值。2001年5月，全美与信息技术相关的就业人数已超过1040万，约占全美就业人数的7%。

① 杨文宇，李德甫. 美国信息产业发展经验及启示 [J]. 产业观察，2010 (7).
② 文仆. 美、日新兴产业的发展显现出蓬勃生机 [J]. 科技与管理，1996 (6)：17.
③ 张佳睿. 美国风险投资与技术进步、新兴产业发展的关系研究 [D]. 吉林大学博士论文，2014 (6)：81.

如图 7.2 所示，2006～2009 年，美国信息产业增加值占 GDP 的比重一直处于 8% 左右的水平。2009 年，美国信息产业完成增加值约为 10649 亿美元，较 2008 年增长 4 个百分点。2013 年，美国信息经济总量达到 7.49 万亿美元，占 GDP 比重为 44.68%。根据英国经济学家信息部（EIU）的《IT 产业竞争力指数》报告，美国 IT 产业竞争力在全球居于领先位置，这主要是由于美国拥有良好的创新氛围、雄厚的人才资源、先进的技术基础设施、健全的法律制度、政府的支持以及开放的商业环境。以信息技术为主导的新一轮技术革命兴起，加剧了美国产业分化、结构变革，服务业成为美国的支柱性产业。

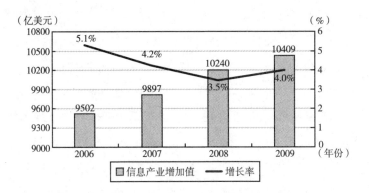

图 7.2 2006～2009 年美国信息产业增加值

资料来源：美国信息产业做强有道［EB/OL］. 搜狐新闻，http：//roll. sohu. com/20110705/n312483025. shtml.［2011－7－5］.

7.1.3 美国的生物技术的迅速发展

生物技术是以生物科学为基础，运用生物学的理论和技术来研究人类和动物健康、农业、环境、生物材料制造等领域的科学技术。"1982 年，在欧洲举行的一次国际学术会议上，对生物技术进行的定义是：生物化学、微生物学和工程学的综合应用，目的在于将微生物、组织培养、细胞培养或者机体的一个部分的性能应用于工艺中。"[①] 美国最早开始致力生物技术科研，历

---

① 新技术革命的支柱之一 生物工程技术［J］. 世界知识，1984（13）.

经几十年的积累,其生物技术产业已经达到全球最先进的技术水平,取得了大量的技术成果,具备比较完善的产业链,成为仅次于信息产业的第二大高技术产业,它不仅推动了美国经济的发展,还带动了美国大量就业岗位的增加。

7.1.3.1 美国生物技术的发展注重大量研发投入

自 20 世纪 70 年代以来,美国生物技术开始迅速发展,在国际竞争中,处于领先地位,这主要得益于美国的政策支持,以及监管机构所实施的富有成效的改革。

1991 年,美国提出生物技术战略构想,1992 年,使该构想成为正式的国家战略。《21 世纪生物技术:新前沿》报告中提出,美国政府将重点把握四个领域的投资机会:一是农业生物技术;二是环境生物技术;三是制造和生物加工;四是海洋生物和水产养殖。[①] 美国产业界和政府部门对生物技术产业研究与基础研究投入非常重视,截至 2003 年底,美国已有生物技术公司 2000 多家,其中有 300 多家公司上市,市场资本总额达到 3308 亿美元。[②] 2005 年,美国仅联邦的资金对生物技术基础的投入就达 300 亿美元,而且,美国卫生科学院(NIH)每年投入大量的资金资助大学和研究机构,基本承担了整个生物技术产业的基础研究。硅谷生物技术产业从业人员占美国生物技术产业从业人员的一半以上,销售收入占美国生物产业的 57%,研发投入占 59%,其销售额每年以近 40% 的速度增长。

2009 年,为了度过经济萧条期,全球生物技术行业的研发投入大幅减少。经过两年的调整,2011 年,美国大多数的生物技术上市公司都增加了研发支出。2001~2012 年,美国虽然经历了经济衰退,但生物技术产业相较其他产业受到的波动不大。自 2001 年以来,生物技术产业间接带动就业数量达近千万个,该行业的平均薪酬也高于全美私营部门 80% 左右,且继续保持增长态势。2012 年,美国政府发布《国家生物经济蓝图》,阐述了未来推动生物经济的战略目标。未来的生物经济依赖于新兴技术,例如,合成生物

① 美国 21 世纪生物技术新前沿 [J]. 中国科技信息, 1999 (Z4).
② 王宏飞. 美国生物技术产业发展现状 [J]. 全球科技经济瞭望, 2005 (1): 42-44.

学、蛋白组学、生物信息学以及其他新技术的开发应用。美国将生物经济列为优先政策领域,实施"生物技术产业激励政策"。

7.1.3.2 美国生物技术发展处于领先地位

截至 1987 的财政年度中,美国公共生物技术公司收入达 12.18 亿美元。[①] 2000 年,美国生物技术公司的雇员达到 17.4 万人,美国公司的销售收入达到 250 亿美元。从 1997 年到 2006 年底,销售前 100 家生物技术上市公司已经从各种合作交易中获得了 226 亿美元的收入,有 62 家上市公司的股票市值超过 10 亿美元。2003 年,美国生物技术产业的雇员人数达 19.8 万人。2007 年,美国生物技术产业的总的资本市场规模为 4550 亿美元[②]。美国的生物技术产业研发主要集中在波士顿、洛杉矶、纽约、费城和北卡金三角等九大都市区,这些地区已经成为生物技术的主要产业集聚区。

尽管较 2010 年相比 2011 年美国生物技术产业的雇用人员、营业收入等指标有所下滑,但整体而言该产业还是保持平稳的水平,处于全球领先的位置。2011 年美国生物技术企业的总收入达到 588 亿美元,相比 2010 年增长 12%。2013 年,仅纽约州生物技术产业的 3000 多家机构共吸纳 7.4 万名员工,占据全美相关产业就业岗位 5% 的比重。[③] 详见表 7.2。

表 7.2 美国生物技术产业所获资本投入额

国家	雇员数(人)		营业收入(亿美元)		净利润(亿美元)		融资额(亿美元)	
	2010 年	2011 年	2010 年	2011 年	2010 年	2011 年	2010 年	2011 年
美国	113010 (63%)	98560 (60%)	611 (72%)	588 (70%)	52	33 (86%)	2921 (72%)	2780 (73%)
欧洲	46450	48330	172	189	-5.7	0	786	715
全球	177100	163630	841	834	50	38	4011	3760

注:括号中数字为美国所占全球比重。

资料来源:宋韬,楚天骄. 美国培育战略性新兴产业的制度供给及其启示——以生物医药产业为例 [J]. 世界地理研究,2013 (3):65 - 72.

[①] 王璋瑜. 1987 美国公共生物技术公司收入达 12 亿美元 [J]. 生物技术通报,1989 (5).

[②] 世界生物技术产业化:美国生物技术一年胜一年 [DB/EL]. 医药网,http://news.pharmnet.com.cn/news/2007/07/17/201626.html. [2017 - 07 - 17].

[③] 朱星华,郭晓林,叶冬柏. 纽约州创新经济发展的三大引擎 [J]. 全球科技经济瞭望,2014 (10):45 - 51.

7.2

日本战略性新兴产业发展注重"节能和新能源"

日本根据本国的产业发展情况与实际国情,在不同历史时期,选择了不同的产业作为战略性新兴产业予以重点扶持和发展。在每个战略性新兴产业的阶段,所选择的产业都突显了产业的引领作用。

7.2.1 日本战略性新兴产业的发展阶段

第二次世界大战以后,日本的主导产业先后选择了轻纺工业和农业、重化工业、汽车产业和家电产业,在这些产业先后更替的过程中,每个战略性产业都起到了推动经济发展和引领其他产业发展的重要作用。20 世纪 70 年代石油危机爆发之后,日本开始开展和培育另一批战略性新兴产业。1980 年 3 月,通产省产业结构审议会议发表《80 年代通商产业政策构想》,确定信息产业、传统产业信息化等多个切实的目标,努力提高日本的整体竞争力。20 世纪 80~90 年代,日本开始集中发展知识密集型产业,注重新兴产业的创新性,大力推进新材料、医用电子器材、生物技术、替代能源等大规模技术的开发与应用。20 世纪 90 年代,日本提出了"IT 立国"的经济发展新战略。进入 21 世纪后,日本更加关注信息技术、新能源等新兴产业的发展,先后在各种政策上给予其大力的支持。2008 年金融危机爆发后,日本为了重振本国企业以应对危机,再次大力发展新兴产业,推出《绿色经济与社会变革》政策,强化"绿色经济",提出"环境能源基础创新计划""低碳社会行动计划""新经济成长战略",制定《能源合理利用法》《石油代替能源促进法》等,以促进新能源产业发展。[①] 2009 年 3 月,日本制定了"信息技术

---

① 李文增,王金杰,李拉,刘峰. 国内外发展战略性新兴产业的比较 [J]. 产权导刊,2011 (1):49-51.

发展计划"（期限 3 年），倾向于推进信息技术在医疗、行政等领域的应用。[①] 2009 年 4 月，日本推出"新增长战略"，将节能汽车、低碳经济、医疗护理、清洁能源发电等方面作为着重发展方向。

7.2.2　日本战略性新兴产业发展的主要支持政策

日本从 2001 年开始逐步实施产业集群计划，19 个产业集群计划分布在 4 个领域：制造业、信息技术、生物技术、环境/能源，在"产业集群计划"和"知识集群计划"中，两个计划的核心目的都是改善创新主体的创新网络生态，帮助创新主体与集群内外的相关主体建立尽可能广泛的联系。

2006 年 5 月 29 日，日本在《新国家能源战略》报告中，对能源战略做了重要调整。指出，日本在能源、资源的保障方面要更加努力，实现来源多元化；同时强调，日本要在与中国、印度的能源竞争中处于主导地位。2008 年 9 月 9 日，日本经济产业省公布"新经济成长战略"修正案，确定集中财力提高资源效率和以高附加值产品进军海外市场为主的两个基本战略，以应对资源价格上涨和全球经济多极化的形势。修正案提出包括促进日本国内太阳能等新能源的推广普及；强化资源外交，加快与资源国和新兴国家之间签署经济合作协定的步伐；引进新的税务制度，以吸引海外投资和促进国内企业的海外资金回流等具体办法。从 2008 年日本高技术产业研发经费占工业总产值比例来看，日本对医疗、精密仪器和光学器具制造业，以及医药制造业研发投入研发比例是最大的，日本对高技术产业研发经费投入占工业总值的 10.5% 左右，说明日本对高技术产业的支持力度是很大的。2008 年日本高技术产业研发经费占工业总产值的比例情况见表 7.3。

---

① 骆祖春，范玮. 发展战略性新兴产业的国际比较与经验借鉴［J］. 科技管理研究，2011 (7)：35－38.

表 7.3		2008 年日本高技术产业研发经费占工业总产值比例			单位:%	
国家	高技术产业	飞机和航天器制造业	医药制造业	办公、会计和计算机制造业	广播、电视及通信设备制造业	医疗、精密仪器和光学器具制造业
日本	10.50	2.90	16.40	7.61	8.90	16.98

资料来源:经济合作与发展组织《结构分析数据库 2011》《企业研发分析数据库 2011》。

2009 年,日本颁布《面向光辉日本的新成长战略》,内容指出,要将环境与能源、健康两大产业作为发展重点,把环保型汽车、电力汽车、低碳排放、医疗与护理、文化旅游业、太阳能发电等产业作为发展重点。[①] 在日本发布的《制造业竞争策略》中,提出了要突出占领新兴国家迅速成长的市场,强化日本制造业基础。

7.3

欧盟以"绿色经济"和"环保型经济"促进经济复苏

欧盟主要是通过实施产业政策和加大对科技创新的投入等方法支持战略性新兴产业的发展,培育欧盟各国战略性新兴产业的发展,在国际分工中争取有利地位,积极争夺经济的新制高点。

7.3.1 欧盟战略性新兴产业的发展政策

20 世纪 90 年代后,欧盟将造船工业、汽车工业、高技术制造业、IT 产业等作为战略性新兴产业,明确以 IT 产业作为经济发展的驱动力。21 世纪以来,欧盟将低碳经济的发展看作是新的工业革命,将低碳产业列为战略性新兴产业的重点。[②]

---

① 彭森. 认识形势、把握特点推动战略性新兴产业加快发展 [J]. 中国科技投资,2011 (1): 4 - 6.

② 史丹. 国际金融危机之后美国等发达国家新兴产业的发展态势及其启示 [J]. 中国经贸导刊,2010 (3): 32 - 33.

2007 年 11 月 22 日，欧盟委员会通过欧盟能源技术战略计划，努力实现欧盟制定的 2020 年和 2050 年减排战略目标，指出欧盟应在能效、标准、鼓励机制、二氧化碳排放计价等方面采取积极措施，创造条件使欧盟所属机构和各成员国能够共同努力。2008 年 12 月，欧盟通过了能源气候一揽子计划。2010 年 11 月，《欧洲 2020 战略：实现智能、可持续性和包容性增长》战略正式发布，确立了以知识型、低碳型、高就业型经济为基础的未来十年欧盟经济增长的新模式。

7.3.2 欧盟战略性新兴产业的发展定位

20 世纪 90 年代后，欧盟确立了造船工业、汽车工业、高技术制造业、IT 产业等作为战略性新兴产业，加大对研发创新（R&D）投资力度等。21 世纪以来，欧盟将低碳产业列为战略性新兴产业的重点，投入了大量的科研经费，制订了碳排放指标、碳排放机制、低碳项目推广等，并推出了全方位的政策和措施，统领成员国大力发展低碳产业。①

2008 年，世界重要新兴技术的市场规模为 6500 亿欧元（约 8450 亿美元），预计 2015 年将超过 1 万亿欧元（约 1.3 万亿美元）。欧盟委员会认为，重要新兴技术主要包括纳米技术、微电子和纳米电子技术、生物工程技术、先进材料技术和光电技术等，广泛应用于汽车、化工、能源、航空航天、医药等重要领域。欧盟委员会的一份调查报告显示，虽然欧盟在重要新兴技术研发领域居世界领先地位，拥有全球相关专利总数的 30%，但在发展相关领域产业化方面步履缓慢。欧盟计划，到 2012 年 12 月 31 日淘汰所有的白炽灯，用绿色环保的节能灯取而代之。欧盟发展环保经济的做法促进了节能型产品的生产制造和以提高能效为目的进行设备的更新换代。政府辅以消费优惠或补贴政策，从而最终起到开发新产品、保持就业稳定，带动消费及扩大市场的总体目标。欧盟内部评估认为，对环保型经济相关的"绿色产业"每

---

① 李文增，王金杰，李拉，刘峰. 国内外发展战略性新兴产业比较 [J]. 产权导刊，2011 (1)：49 - 51.

投入 1 欧元, 至少会带来 10 欧元 ~50 欧元的增加值, 而这还不包括节能减排、降低环境污染和控制温室效应等所产生的社会效益。

7.4
发达国家战略性新兴产业的特点

7.4.1　发达国家战略性新兴产业发展的共同点

发达国家都根据各国产业基础和实际经济情况对战略性新兴产业进行了发展定位, 主要包括: 新能源、新材料、新医药、物联网、节能环保、宽带网络、生物能、海洋和空间等产业。对美国、欧盟和日本新兴产业发展的重点领域进行比较, 可以明显地看出, 各个国家都注重这些具有高科技含量的产业, 各国都立足本国实际规划产业的发展方向与重点领域。部分发达国家和组织新兴产业发展定位的比较情况见表 7.4。

表 7.4　　　　　　　部分发达国家和组织新兴产业发展定位比较

国家和组织	主要政策或计划	重点领域
美国	《美国创新战略: 促进可持续增长和提供优良的工作机会》《重振美国制造业框架》	清洁能源、先进汽车技术、健康技术等
欧盟	新能源综合研究计划	风能、太阳能、生物能、智能电力系统、低碳产业
日本	《面向光辉日本的新成长战略》	环保型汽车、电力汽车、医疗与护理、文化旅游和太阳能发电

在世界各国争夺经济制高点的过程中, 必然存在共同点, 发达国家战略性新兴产业发展的共同点有以下五个方面。

第一, 从发展目标来看, 各国都高度关注战略性新兴产业的发展。各国以本国实际的产业为基础, 强化制造业的发展, 试图通过"再工业化"振兴本国经济，在争夺经济发展新引擎的过程中，寻求扩大战略性新产业的就业效应，解决失业问题。

第二，从支持政策来看，各国都根据各国产业新兴产业的成长情况，注重政策扶植推动，采取一系列的措施培育新兴产业良好的发展环境。各国都通过各种产业政策与金融政策等措施，增强企业生产和研发的积极性，通过选择筛选目标产业、差异化投融资政策，将重点扶持的战略性新兴产业突出化。

第三，受到资源有限性的束缚，各国均采取各种政策大力发展新能源。资源是有限的，为保障各国产业可持续地发展，保障能源供应、优化能源结构与保护生态环境，各个国家都投入大量和人力与物力致力于新能源产业的发展。

第四，注重发掘市场需求，引导产业有序发展。新兴产业的商品供给必须与市场的需求进行有效对接，才能保证产业继续扩大规模进行生产，很多国家通过政府采购有效地提高了对新兴产业产品的需求，有效地引导了新兴产业有序地发展。

第五，加强产业间的关联效应，促进技术外溢。例如，通过发展信息技术，加强宽带网络、大数据产业等产业发展，以某一产业发展为引领，带动多个产业共同发展，加强产业间有效地联动作用。

7.4.2　战略性新兴产业发展趋势

从各国推进战略性新兴产业发展的未来趋势看，战略性新兴产业的发展将呈现以下五个方面的特点。

一是注重环保。发展绿色经济是符合资源有限性要求，也是可持续发展的必然要求，战略性新兴产业的发展方向充分体现了多个国家注重绿色与环保产业的战略发展方向。

二是产业融合化。通过技术融合，既可以促进战略性新兴产业发展，也可以推进传统产业创新发展，行业间的界线将越来越模糊。新一轮科技和产业革命的到来，将使多学科、多种技术高度融合，高度交叉发展，所以，产业通过技术的融合，彼此间的关联也将更加紧密，行业的综合竞争力将更加显著。

三是高端化。无论是美国，还是日本，大部分国家的战略性新兴产业的定位方向都是立足于尖端技术产业，这些产业的共同特点是技术含量高、附加值大、产业效益高、对相关产业的带动力强，具有很强的技术优势与创新优势，各国都努力通过产业高端化发展增强经济发展的动力。

四是产业集聚化增强。产业集聚可以大幅降低成本，迅速提升产业竞争力。产业集聚可以将创新要素汇聚到一定空间范围内，将有限的资源进行优化组合，提升要素利用效率，扩大规模效应，加快产业结构升级与增长方式转变。

五是产业国际化加强。新兴产业利用竞争优势，可以在全球范围内整合生产要素，加强技术、人员等要素的国际流动，高端产业的发展将助推具有创新作用的要素加快流动速度，跨国的技术合作会增强，科技人才的流动与互访也将成为常态，科技的跨国联合研发也会增多。产业国际化趋势的加强，将使产业在全球范围内进行资源的最优配置。

7.5

发达国家支持战略性新兴产业发展的主要经验

美国、日本和欧盟等国家和地区在支持战略性新兴产业发展方面，积累了很多值得我国借鉴的成功经验，与我国已出台的政策相比，我国还需要在以下几个方面做出努力，例如，税收减免、政府采购和完善法律政策与体系。

7.5.1　税收减免

税收优惠政策对于战略性新兴产业发展具有非常重要的促进作用，在很多发达国家战略性新兴产业的发展过程中，政府都给予了税收减免等扶持。

例如，美国政府就是通过税收减免调动了发展新兴产业的企业的研发积极性，加速了战略性新兴产业的发展。美国陆续出台和完善了各种税收减免法案，包括：1978 年的《美国国内税法》、1981 年的《经济复兴税法》及 1986 年修正案、1986 年的《税收改革法》和 1987 年的《投资收益税降低法案》等。[①] 很多发达国家都对发展战略性新兴产业的企业实行比普通税率低 5% ~15% 左右的优惠税率。发达国家通过减免企业所得税、资本收益税、研发投资税；投资抵免；研究开发费用加计扣除政策等具体措施，改变不同产业的投资收益率，降低战略性新兴产业的税负，引导资源要素流向战略性新兴产业。总之，在促进战略性新兴产业发展方面，由于各国经济发展水平存在差异，在政策上也有所不同，但其共同的特点可以归结为三大方面：一是各种税收优惠政策都通过税法进行明文规定，这保证了税收优惠政策能够得到有效的落实；二是各国在税收方面，都将税基、税率和税额等方面进行综合考虑，有效地兼顾了从研发到生产再到销售等诸多环节，以确保税收政策的效果；三是税收优惠政策的执行力求简便易行，以注重效果为主。

7.5.2　政府采购

政府采购对帮助产业迅速成长、解决生存困境等起着非常重要的影响，对战略性新兴产业而言，在产业发展初期，更需要政府通过采购的形式，刺激需求助推产业快速发展。政府采购在很多发达国家助推战略性新兴产业发展过程中成为主要的推动力。

在美、英、日等发达国家推进高新技术产业发展的支持政策中，政府采购在新兴产业起步阶段发挥了重要的助推作用，大量的产业发展经验表明，政府采购行为起到了重要的产业引导和示范性作用。例如，在战略性新兴产业发展中，20 世纪 60 年代，美国制定了《政府采购法》以支持半导体产业发展。[②] 总体而言，政府采购起到了三大方面的作用：第一，政府的扶持政策引导了资源的流向，吸引大量资金投入到战略性新兴产业的研究、开发以及相应的生

---

①② 曾智泽. 美国政府培育发展新兴产业的经验 ［J］. 现代产业经济，2013 （Z1）：69 – 72.

产设备上;第二,政府的采购刺激了产业产品的需求,产业生产会得到有效的激发,改进产品设计和生产工艺,提高生产效率,在市场竞争中,努力降低生产成本,促进新技术的商业化;第三,政府采购将资金定向地扶持战略性新兴产业,有效地帮助企业降低流动资金的困难。总之,在战略性新兴产业产品市场需求不足时,政府采购的介入是解决市场总需求问题的最有效的方式,它可以发挥产业培育者的作用。

7.5.3　不断完善的法律政策与体系

以新能源为例,20世纪80~90年代,世界上很多国家相继完善本国的法律制度与政策体系,支持新兴能源产业的发展。到2009年初,已经有60多少国家,其中发达国家有37个,已经制定了较为完善的新兴可再生能源产业的发展政策支撑体系。不仅如此,它们还对新能源产业进行细分,不同类别的新能源产业在不同国家受到的支持政策也存在差异。2009年初,全球至少有44个国家实施了新能源产业发展使用配额制政策,大多数国家都相继制定了到指定年份实现新兴可再生能源发电份额达到5%~20%的政策目标,[①]通过普遍认可的、具有强制力的法律制度,保证新兴能源产业的有序快速发展。发达国家新兴产业能够得到健康快速发展的重要保证的主要影响因素之一,就是其建立了较为完善的法律政策体系,这也是规范新兴产业发展和市场化的最有效的手段。

---

① 穆献中. 国际新兴能源产业发展的法律政策体系评析 [J]. 石油科技论坛,2009(6):66-70.

第 *8* 章

开放型经济体系下中国战略性
新兴产业外向发展策略

在全球经济失衡的背景下，战略性新兴产业的发展要把握好"引进创新"和"自主创新"间的关系，立足促进原始创新设计产业发展策略。战略性新兴产业的外向发展速度既受全球经济失衡的影响，又影响全球经济失衡的局面。中国战略性新兴产业的外向发展与建设，必须考虑产业发展的差异性外向发展条件，确立适合不同战略性新兴产业外向发展的总体思路与差异化策略；构建适合中国战略性新兴产业外向发展或国际化发展的平台，并为战略性产业跨区域发展和产业国际链建设提供政策支持；提出更适于战略性新兴产业外向发展的战略对策与保障措施；不断提升中国战略性新兴产业的竞争优势。

8.1

继续提升经济开放水平

"一带一路"倡议下，中国对外贸易、对外投资、对外合作都取得了显著的成绩，中国产业外向发展的"质与量"也得到了进一步提升，"一带一路"倡议给中国战略性新兴产业的外向发展带来了巨大的发展机遇，这体现了经济开放带来企业的"利好"效应。构建开放型经济体系，促进战略性新兴产业发展，既要考虑产业所面临的时空条件、主要问题，也要考虑沿海、内陆地区战略性新兴产业发展的差异，必须要进行准确定位与科学规划。开放型经济体系的建设与战略性新兴产业的外向发展，需要重视产业的发展基础、产业安全与发展前景、产业可持续竞争的来源途径等重要方面，产业在经济开放的条件下要对资源进行最优整合，实现产业的绿色发展。

交通与通信技术、贸易和投资自由化的快速发展，加速了技术、知识、信息、资本等生产要素的跨国界流动，减少了运营成本，使社会财富蕴藏在流动的空间之中；各地竞相吸引投资和争夺高附加值的经济活动，使得区域竞争加剧。因此，产业集群成为区域、国家参与全球竞争的重要力量。面对区域化发展步伐的加快，我们要积极把握机遇，主动迎接挑战。

8.1.1 开放经济建设下产业发展要防止低端化、趋同化

各地区战略性新兴产业的发展水平和产业定位等均存在差异，所以，各区域战略性新兴产业的外向发展既要考虑自身的比较优势，又要考虑时空条件、面临的主要风险等因素，必须要进行准确定位与科学规划。各地区战略性新兴产业的外向发展，需要在竞争中不断提升比较优势和核心技术、保证产业安全、积极预防风险，不断创造形成企业自身动态竞争优势的条件，对资源进行有效整合，实现产业外向发展的特色化。

8.1.1.1 因地制宜，扶植和鼓励战略性新兴产业差异化发展

通过优惠利率贷款、提供技术支持与指导等措施，激励企业主动实现特色化生产，防止地区产业趋同化现象的出现，避免恶性竞争。战略性新兴产业的发展应根据所在区域人力资本、科研等优势，按照国家战略性新兴产业发展的目标，选择产业所在区域科学、合理的发展模式；政府要积极为战略性新兴产业发展提供信息、技术和产品认证等服务，帮助微观经济主体建立不断升级转型的目标；加强资金投放与监督，积极引导民间资本的投入，督促战略性新兴产业间有序地进行竞争。

各地区要因地制宜，做好产业规划；建立产业联动机制，尤其是对基础设施要做到互联互通，形成资源整合、特色突出、结构合理的产业协调发展格局；因地制宜出台一系列支持政策，通过优惠利率贷款、技术支持与指导等措施，激励经济行为主体积极进行技术创新工作，自觉地努力促进产业战略化发展。不同地区战略性新兴产业发展应根据地域特点、产业基础，按照国家战略性新兴产业发展的目标，选择本地区科学、合理的战略性新兴产业发展模式；认真落实国家扶植和鼓励战略性新兴产业发展的措施，严格落实优惠政策，加强对地区重点扶持产业的关注，做到企业发展积极稳健。政府要积极为战略性新兴产业发展提供有效的信息、技术和认证等服务，帮助微观经济主体建立自主创新的目标；加强技术升级与资金投放，积极引导外来资本的投入，督促地区产业链不断地完善与发展。

8.1.1.2 加强产业生态化发展的措施，督促战略性新兴产业绿色发展

生态经济建设，保护生态环境日益受到各国的重视，为了使控制污染物排放方面能够取得更好的效果，可以借鉴国外的一些经验与措施，并结合我国战略性新兴产业污染物排入特点，合理设计我国战略性新兴产业生态化发展的促进方案。

第一，针对产业能耗的分布特点，为降低碳排放、降低污染，多途径逐步推进税收生态化改革。生态税收主要是按照行为主体污染环境就必须付出代价的原则设计并实施的。我国在生态税收征收初期，可以先试行将现阶段有关的排污收费逐渐转为生态税收，或者通过购买碳排放权利的凭证以抵减企业污染环境的成本。例如，可以根据产业的污染物排放分布特点，从高到低，规定不同企业的污染物排放限制额度，允许买卖污染物排放凭证，如果企业想增加排放总额，必须通过市场的买卖，通过排放权的交易，这样既可以增强企业控制碳排放的意识，也可以督促企业更加环保。总之，生态税收的实行需要经历一个长期的过程，才能不断完善，才能取得明显的成效。因此，中国实行生态税收也需要逐步推进，只有结合国情，采取阶段性的具体措施，才能逐步深化生态税收的意义与效果。

第二，选择试点区域或针对产业，积累经验逐步推广排污权交易。排污权交易制度的完善是个长期的过程，各个地区的产业分布比重不同，因而可以根据高排放或高污染的主要行业，或者这些行业主要集中的地区，优先进行试点工作，同时，及时监督和反馈控制污染，保护环境的实施效果。在控制污染物排放工作上，环境政策的完善必须要在把握我国产业污染物排放特点的基础上，结合区域污染物的来源分布，通过选取试点区域，以点带面，逐步积累经验，再进行渐近式推广。

除此之外，各地区还应通过各种渠道积极宣传战略性新兴产业的效益，加强人们对战略性新兴产业的支持，使人们理解国家产业政策的战略意图；积极倡导高技术、低能耗、高效能的战略性新兴产业产品的消费，以不断增长的消费需求带动战略性新兴产业的规模扩大与发展。还应通过各种媒体公开战略性新兴发展的有关信息，加强人们对战略性新兴产业发展的认识，促进人们对战略性新兴产业的产品购买，强化其绿色发展、产业高端化发展的思想认识。

8.1.2　加强企业国际化发展意识

战略性新兴产业的迅速发展将使更多的企业突破国限进行跨国生产与交流，而我国绝大多数战略性新兴企业的国际市场开拓意识不强，缺乏全方位的对外经营理念，主要原因就是还没有形成浓厚的对外开放氛围。多数企业外向发展的风险防范意识不强，对国外经济景气变动和贸易政策变动敏感度不高，一旦政策风险或其他风险发生，对企业的效益，甚至企业发展的可持续性会带来很大的影响。因此，需要通过多渠道的宣传，加强企业外向发展的风险意识，提供各种政策咨询与法律帮助；鼓励企业积极参与国际国内合作，积极营造各方面重视、支持、关心企业外向发展和经济开放建设的浓厚氛围。督促企业在经济开放背景下，坚持自主创新的主导战略，全面优化产业外向发展环境，推动企业外向发展的优势形成，积极开拓国外市场。

8.1.3　加强产业链的国际拓展

各地区战略性新兴产业的发展，需要立足现有优势基础，延长优势产业链，使产品呈现多元化，不断提高附加值。政府要加强支持和鼓励企业和大学或科研院所合作，注重产业链条的建设，不断挖掘产业与服务贸易的竞争优势。从国际产业链的发展来看，在产业外向发展中，各产业链高度协调会提升产业的国际竞争力，这就需要政府在产业政策和规划方面给予大力支持。战略性新兴产业的外向发展将以不断的科技创新作为企业可持续竞争的主要来源，我国战略性新兴产业的外向发展空间和利润还没有被完全挖掘出来，各产业应该积极地正确选择动态比较优势，积极实现产业的外向发展与规模扩张。战略性新兴产业要实现外向发展的可持续，就必须在现有自然资源（包括环境）约束条件下，充分发挥区域优势，将企业的资源优势转变为商品优势与技术优势，促进企业不断拓展产业链，加强国际化建设，提高综合竞争力。

8.1.4　确保经济开放适度，保障产业安全

经济开放体系建设必须要把握合适的"度"，开放程度过高，易受到国外经济景气波动的影响；开放程度太低，又不能充分享受国际分工带来的利益。因此，在经济开放的背景下，战略性新兴企业的外向发展既要有机遇意识，又要有风险意识；政府也需要加强产业损害、进出口秩序预警应对工作，为企业提供相关的咨询、培训等工作，指导产业及早开展贸易救济措施工作，降低因国外贸易政策或壁垒变动带来的损失。不仅如此，战略性新兴企业外向发展应该建立、健全有关外贸数据信息的服务工作，及时为企业外向发展提供定性分析指导，在吸引外商投资和促进对外贸易发展的同时，做好产业安全发展的保障工作。

总之，开放型经济是由外向型经济深化发展而来，发展开放型经济是一种经济持续发展的迫切要求。在继续扩大开放的大背景下，要努力推进战略性新兴产业形成比较优势，积极促进外向发展。

8.2

多种模式促进战略性新兴产业外向发展

中国战略性新兴产业起步晚，但是，其发展速度快，发展潜力大，实现"跨越式"发展，需要综合国内外的优势条件，多模式进行推进。

各区域要树立合作共赢的思想，打破狭隘的竞争观念和地方保护主义，采取积极有效的政策，研究地区产业结构差异和变动趋势特点，寻求实现产业区域协作的方法和路径，有效促进区域内资源的合理配置和优势互补，进而推动产业结构优化升级，提高区域综合竞争力。

8.2.1　加强支持产业集群的政策

建立和发展战略性新兴产业集群已成为推动战略性新兴产业发展的一条重要途径，也是经济发展到一定阶段的必然趋势。在战略性新兴产集群内企业可以充分利用研究机构和企业的研发力量，发挥专业性人力资本的优势。面对中国战略性新兴产业集群发展不平衡等突出问题，可以通过人力资本的培训，促进产业生产效率的提高和产业的集聚。政府应加大各方面支持力度，鼓励和帮助企业提高竞争力，引导战略性新兴产业在区域合作中提升人力资本，加快推进自主创新、产业升级和经济转型。不仅如此，抓住跨国区域合作的机遇，还可以推动战略性新兴产业链的国际化延伸，突破资源、环境、技术、人才等方面的制约，更好地实现引进先进技术与解决资金匮乏等问题，依托产业链条的建设，提升产业集群在全球产业链中的位置。

8.2.2　实施国际市场多元化战略

产业的开放经济建设，要关注产业的安全发展，产业的外向发展，也要关注经济的开放程度与速度，经济开放与产业外向发展是互相影响的，我们需要在开放经济体系下，形成产业的动态优势，在产业国际化发展的基础上，保证经济的稳定开放。

在中国很多企业都受到金融危机冲击的情况下，战略性新兴产业外向发展应注重市场多元化，主动提高应对外贸风险的能力，积极开拓美国、欧盟以外的国际市场。战略性新兴产业的对外贸易应该积极开辟新市场，实施国际市场多元化战略，保证产业外向发展的安全，努力降低因欧美国家贸易政策变动、人民币汇率上升带来的外贸风险。

国外技术和技术要素的引进与利用是发展中国家形成和提高竞争力的重要途径，而商品的国际交换是带动技术转移和扩散的最基本形式，但发达国家通过限制高科技产品的出口对技术向国外扩散进行管制，加强区域合作可以促进国与国之间技术的外溢，有利于中国冲破这种技术上规则。建立和发展产业集群已成为推动区域经济发展的一条重要途径，也是经济发展到一定阶段的必然趋势。产业集群内的企业应该充分利用研究机构和企业的研发力量，发挥专业性人力资本的优势。面对中国企业产业集群发展不平衡等突出问题，通过人力资本的培训，促进产业生产效率的提高和产业的集聚。政府应加大各方面的支持力度，鼓励和帮助企业提高竞争力，引导企业加快推进自主创新、产业升级和经济转型。

8.2.3　加强"干中学"效应，推进战略性新兴产业的集聚

产业以区域作为栖息地聚集在一起释放出集聚效应，产业集群不仅可以提升区域经济的核心竞争力，而且可以增进产业"干中学"的扩散和辐射效应的发挥。"干中学"是技术进步的源泉，通过促进产业中"干中学"效应的发挥可以推进产业集群演化的升级。

第一，为"干中学"效应发挥提供更广阔的平台。集群能为产业提供一种良好的创新氛围，产业群体学习可以提高生产率，产生持续不断的改革动力，产业集群本身就是一个学习组织。一方面，产业集群可以增加本地市场需求，提供更多的发展机会，促进技术创新、加快观念、思想和知识的扩散。在产业集群中，由于地理接近，企业间密切合作，这有利于各种新思

潮、新技术和新知识的传播,由此形成知识的溢出效应,获取"学习经济"(Learning Economics)。国外学者构造了一个"边干边学模型",认为众多中小企业在长期发展中的相互学习,才使马歇尔产业区的不断调整和进步。[①]另一方面,产业集群使出口量增大,加大与贸易国的联系,有利于落后国家更好地发挥产业"干中学"效应,拉近与先进国家的技术差距。通过产业集群可以加大商品的出口,增强与贸易国的联系,可以使出口国在实践中更好地发挥产业的"干中学"效应,对于主要以出口附加值较低商品的技术落后国而言,可以使它们更快地获取进口国的先进技术。产业集群会对区域内的生产、分工、就业、产业结构、技术进步等方面产生一系列深层次的影响,从而有效提高区域产业竞争力,有力推动经济的迅速发展。[②] 产业集群有利于促进知识和技术的扩散,有利于信息和知识尤其是隐含经验类知识的传播,从而产生知识"溢出"效应,提供更多的学习机会。

第二,加强产业"干中学"的扩散和辐射效应。产业地理集中能够产生广泛的集聚经济效益。根据新增长理论,区域产业集群的"外部性"效应会使聚集的企业受益,产业集群充满一种传播新思想、新技术以及最新工作经验的学习"氛围",聚集企业之间的相互学习,可以促使区域产业的知识存量不断增长,进而会形成不同于其他区域的核心知识和竞争能力。[③] 古典经济学家马歇尔最早认为,专业化产业集群具有"劳动力蓄水池"作用,并强调"相互了解与信任"和"产业氛围"对区域内聚集经济发展有着重要作用。有技能的熟练工人知道在哪儿找到合适的工作,并且每个人从专业知识的溢出中获得了好处。[④] 由于大量的企业聚集在一起生产,形成了很大规模,在产业集群的地方,即使新加入的企业,也能得到低成本的劳动力供给。产业集群内形成的创新网络和知识外溢会激励企业的技术创新活动,提高技术创新的效率和能力,从而为产业"干中学"效应的发挥提供更广阔的空间。

综合以上分析,产业集群的演化升级,可以大力推动区域创新体系建

---

① 王步芳.企业群居之谜:集群经济学研究 [M].上海:上海三联书店,2007:140.

② 隋映辉.产业集群成长、竞争与战略 [M].山东:青岛出版社,2005:27.

③ 王步芳."干中学"与产业集群核心能力的形成 [J].世界地理研究,2005 (3):37.

④ 王步芳.企业群居之谜:集群经济学研究 [M].上海:上海三联书店,2007:21.

设，而跨国区域合作可以实现使各国主要地区发挥各自的科研优势，开展科技合作，加强科技交流；实现充分利用地域相近或跨区域的地方高校、科研院所、大中型企业的科技成果和人力资源。这就为加快解决生产和发展中的技术问题提供了新的契机，所以，在跨国区域合作中要更加注重充分发挥产业"干中学"效应，从而促进产业集群演化升级，推动区域合作更好地发展。

总而言之，各级政府应研究制定以促进产业集群的建设与发展为核心内容、面向中小企业的政策体系，推动产业集群的发展。抓住跨国区域合作的契机，不断推动与海外产业集群的合作。中国产业集群的发展会受到资源、环境、技术、人才等方面的制约，如果与国外产业集群结成同盟关系，可以弥补资金匮乏、人才不足和技术短缺等问题，与此同时，还可以依托其技术、管理模式和知名度，提升中国产业集群在全球产业链中的地位。随着国内和国际区域合作的步伐加快，产业发展面临的机遇和挑战也随之增加，只有致力于科技进步和技术创新，才能抓住形成国家动态比较优势的关键。因此，我们要以促进产业集群演化升级为目标，充分发挥产业"干中学"的带动和辐射效应，更好地推动我国经济的快速发展。

8.3

加强人才对战略性新兴产业发展的智力支撑作用

中国正处于加快战略性新兴产业发展和深化产业结构改革的重要时期，需要一大批高层次人才、技术与产业服务，需要高校为企业提供强有力的人才保障和智力支撑。高校技术人才具有稀缺性、高增值性、高创造性和较强的流动性等特点，因此，各地区应该积极利用地区高校优势，加强地区高校对战略性新兴产业的智力支撑作用。

8.3.1　促进战略性新兴产业产学研合作与模式创新

战略性新兴产业的创新主力军主要来自高校和科研院所，高等院校和科研院所是战略性新兴产业技术研发的重要支撑，核心技术的研发需要长期相关研究的积累与实践应用，在科研成果产业化投入方面还需要大量的资金投入，研究人员与企业之间还没有建立完善的技术合作与服务关系，产品在后续研发和使用中还需要接续的产学研合作，如果科研机构的研发方向与成果能够通过市场化的运作有效结合企业的资本，同时，研究人员能够实现产品的接续研发与产品服务，而不是一次性的技术转让，这可能对战略性新兴产业产品的国产化进程更为有利，对众多领域加大产品研发的广度与深度更为有效。

战略性新兴产业需要积极加强和推动产学研合作，促进自身核心技术的提升。企业要敢于积极地与高等院校、科研院所进行交流，将这些机构中的人才与技术转化为现实生产力；将企业自身的现实需求和潜在需求与相关人才进行探讨，引导和加强科研院校的技术研究方向与企业的需求进行有效对接。

战略性新兴产业需要不断创新人才培训方式，积极与高校合作培训人才，提升人才的能力水平，优化人才结构。实施以培养高层次企业经营管理人才、重点项目建设急需人才为主要任务的"人才工程"。探索市场化配置人才模式，加大人才资源开发力度。政府也要积极推进重点企业、重点产业、重点项目的人才交流与合作。实行校企合作，大力实施紧缺人才培养计划，每年定期选派年轻的优秀人才到省内外重点科研机构、高等院校、医疗机构和企业脱产学习，加紧培养、引进行业或产业发展的急需人才，保证战略性新兴企业人才的有序供给。

8.3.2　加强高层次人才的引进工作

在全球经济结构调整和新工业革命的新形势下，中国经济已经到了从"要素驱动"转向"创新驱动"的关键时期，要积极在技术、制度、管理等方面进行全面创新，将科技创新摆到核心位置，实现更有质量的增长，培育和发展企业的核心竞争力，这其中起关键作用的就是人才。高层次人才因具有稀缺性、高投入、高回报性、创造性、流动性等特征成为人才市场争夺的焦点。高层次人才的集聚将为一个地区或企业注入活力,加速推进企业和当地经济的发展。有学者认为,高层次人才是指具有高级职称或博士学位,在学术、技术领域具有较高造诣和较突出成果的专业人才,重点对象是指:学术技术水平处于国内外领先地位的学术技术带头人和优秀拔尖人才,年龄一般在 60 岁以下;博士学位获得者,年龄一般在 45 岁以下;懂技术、善管理的高级企业经营管理人才,年龄在 55 岁以下;拥有专利、发明或专有技术并属国内先进水平的人才;其他具有特殊才能或重大贡献的人才。还有专家认为高层次人才是指具有较强的能力(学习能力、组织能力、应变能力、创新能力等)、较完善的心智特征、较好的沟通水平,对社会具有较大贡献的人才。还有人认为高层次人才是高层次留学人才和海外科技专家的统称。战略性新兴产业的发展需要集聚大量的高层次人才,为企业的发展提供有效的智力支撑。

第一,强化战略性新兴企业对人才关键作用的认识。战略性新兴企业应该树立人才重要资源的意识,政府需要加强领导,强化人才资源开发意识,把人事人才工作由执行层次提高到决策层次,督促企业加强人才队伍建设,主动优化人力资源配置。只有企业人力资源意识,企业才能把握各种机会找到适合自身发展的高层次人才。从企业对高层次人才引进的进程上看,对引进高层次人才重要性的宣传工作还是不够充分,企业没有充分认识到高层次人才的优势作用,因此,需要尝试多种方式强化企业对人才关键作用的认识。

第二,宣传高层次人才的成功案例。通过电视、电台和网络等多种形式,广泛宣传高层次人重要作用的典型案例。强化企业家对高层次人才是重要资源的思想认识。营造尊重知识、尊重人才,鼓励创新、鼓励创业的社会氛围,推动企业依靠人才、依靠科技强企的步伐。使企业增强引进国内外高层次人才的紧迫感,树立在现有高层次人才的基础上,拓展高层次人才的聚才效应,广纳天下贤士为企业服务的理念。

第三,强化高层次人才资源稀缺性认识。人才资源的本质特征表现在其创造性的劳动过程中,人才都在一个或几个方面具备一般人所不具备的优越素质。人才资源是具有高增值性的资源。通过讲座、培训、走访等方式,选择特定目标，面向企业进行高层次人才的高创造性和稀缺性特点的宣传，使企业树立主动竞争人才的意识，主动拓宽引才引智的渠道，并通过发挥人才政策优势吸引人才，发展壮大本企业高层次人才队伍。

第四，对外多渠道宣传引才工作与聚才优势。战略性新兴企业通过引进国内外高层次专家，不仅可以使公司产品品质得到提升，还可以使研发团队结构得到优化，研发水平得以提升，因此，政府和企业应先多途径宣传企业环境与企业特色以吸引高层次人才的关注，为引进高层次人才做准备。

8.3.3 不断提升企业人才素质，加强人才集聚效应

遵循引进和培养并重的原则，战略性新兴产业不仅要积极引进高层次人才，更要借助高层次人才的作用培养更多的人才。人才成长和人才体系建设都有内在规律，我们需要把握这些规律，面对高层次人才供求不均衡问题、市场失灵问题，通过科学合理的政策措施，将留才与育才任务共同推进。

8.3.3.1 借力高层次人才集聚，健全青年员工的培育体制

一个高层次人才就是一个人才链，多学科、多专业背景的高层次团队就是一个强大的智力库、思想库、信息库，其整合集聚产生的能量十分巨大。不仅可以为企业带来新观念、新思想、新方法，带来知识、技术和项目，还可以充分发挥其专业优势，营造新知识、新技术交流的氛围。因此，战略性新兴产业应借助高层次人才的各项作用的发挥开辟有利于青年优秀人才脱颖而出的体制机制；政府要着力创造有利于青年科技人才成长的良好条件，通过建设科技公共基础设施，大力发展高新技术及其产业，建设好高新技术产业带、高新技术开发区等，营造良好的人才培育条件，通过多种方式激发青年员工的创新意识，提升青年员工的能力。战略性新兴企业应通过多种方式，成功引进高层次人才，并根据企业发展需要，将企业青年员工选择合适的机会与方式融入高层次人才团队工作，借力高层次人才效应，努力把他们培养成企业的骨干或精英（青年员工培育思路如图8.1所示）。

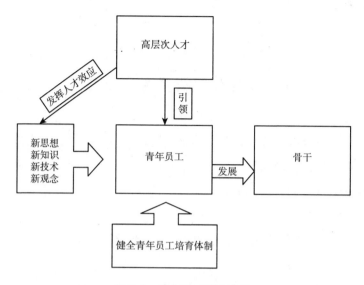

图8.1　青年员工培育思路

8.3.3.2　依托高层次人才，强化在岗培训

战略性新兴产业应通过聘请专家辅导、外出参观学习等传统培训方式，借助远程教育系统、网络、产业基地或协会等载体，探索网络辅导课堂、基地课堂、联合课堂等模式，依托高层次人才，强化企业人才的在岗培训；不断改进培训方式，采取走出去或请进来的形式，有计划地组织员工到高层次人才聚集的地区域进行培训；邀请专家学者举办讲座，促使员工解放思想，更新观念；鼓励和引导企业适应发展需求，采用多种形式培养各类优秀经营管理人才；加大对企业经营管理人才的培养力度，有重点地选送优秀企业管理人才到大型企业和高等院校培训，扶持企业做大做强。

综上所述，在战略性新兴产业的发展过程中，人才资源的推动作用至关重要的。战略性新兴产业的发展需要借助高层次人才的新知识、新技术、新方法推动管理、技术和制度创新，促进其不断进行技术创新与不断增强竞争优势。

8.4

强化战略性新兴产业发展优势

通过研究我国战略性新兴产业的成长过程与存在问题，为更好地推进战略性新兴产业外向发展速度与质量，本书认为，需要从以下几个方面着手提高战略性新兴产业的发展优势。

8.4.1 加强企业家精神，促进管理创新

企业家精神是战略性新兴产业勇于外向发展，开辟国际市场的动力源泉。战略性新兴产业要想突破发展瓶颈就需要有具备企业家精神的管理者，他们敢于抢抓历史的机遇，加快产业的发展，勇于积极走向国际市场。企业家精神会体现在企业的创新与变革当中，企业的技术、制度创新均体现了企业家的创新精神，一个成功的企业家既要具备社会责任感，为推进经济发展与稳定做出贡献，又要为领衔企业绿色发展、可持续发展设计路线。战略性新兴产业的管理者只有不断加强自身企业家精神才能高瞻远瞩、果断行事、超前策划、把握商机，在各国经济日趋融合的趋势下发展产业的特色优势，将中国战略性新兴产业的引擎作用充分挖掘出来。战略性新兴产业的发展需要通过企业家座谈、国际产业学术会议等多种形式宣扬企业家精神的重要性，培育和加强管理者的企业家精神，这样才能更好地保证产业敢于国际化发展，勇于开拓国外市场。只有管理者具有了企业家精神，他们才能在企业的管理方面大胆创新，敢于引进新的思想与管理方式，不断推进企业的自主创新活动，在国际竞争中加强管理优势，突出企业特色。

8.4.2 有效整合研发资源，提升技术优势

企业在研发过程中存在很多的不确定性，这会直接影响到企业研发的

影响性，而且，由于技术存在外溢的正外部性特点，会导致外部受益的企业免费搭便车，从政府补贴或补助等措施的实施来看，往往不能使私人付出的成本与社会成本相同，政府的政策不能有效地激发企业自主研发地积极性。因此，对于不同的战略性新兴产业，根据技术的重要性差异，国家的科研支持方式和方法应该制定相应的策略。对于关键技术研发，投入成本大，风险高，周期性长，政府应该通过强有力的政策推进科研机构进行研发或企业主体间进行联合研发；对于风险相对小的技术攻关项目，政府可以通过有重点的进行扶持领军产业或具备一定条件的企业进行自主研发。在战略性新兴产业创新与研发方面，政府应该起到产业创新联盟的助推者和倡导者的作用，政府需要在提供信息服务、合作平台等方面创造有利的环境，有效整合研发资源，多途径、多种方式督促战略性新兴产业提升技术优势。

科技元素的能效发挥已经在生产和生活的各个环节迅速彰显，然而，地方区域环境条件、文化氛围、人力资源供给等方面的差异，使优势产业在部分地区较为集中，产业集群效应逐步显现，但是，区域经济发展水平相对欠发达的地方，其战略性新兴产业发展的微观基础条件会存在不足，使战略性新兴产业推进与发展方面存在困境，例如，在人才供给上，有些区域高校科研院所的"数与质"方面存在与发达地区的梯度差异，该地区的创新能力不具有显性优势。如果能够使发达地区产业发展的带领作用向欠发达区域扩散；利用新一代信息网络技术，将"互联网＋"与教育、人才资源相结合，实现地方差异化的产业发展，集中区域主要力量攻坚各自的特色关键技术；在战略性新兴产业的区域发展中，分析产业链发展的特色差异，将更有利于战略性新兴产业全方位的攻坚创新与快速发展。

8.4.3 强化知识产权管理，保护创新成果

知识产权是促进技术创新和加强技术商业化的重要法律保障。战略性新兴产业的不断发展与技术提升必然会推进和加速大量的技术成果转化，只有不断提高科技人员知识产业的保护意识，才能更好地引导企业进行自

主创新，对知识产权进行有效的管理。战略性新兴产业竞争优势的主要来源就是创新，自主创新能力和科学技术实力最终会决定产业在国际竞争中的地位，通过强化知识保护管理，能使创新成果得到肯定，也会促使大量的创新成果涌现，使科技人员竞相投入创新当中去。首先，要强化工作人员对知识产权的认识，督促他们在创新的过程积极申请知识产权；其次，企业要对知识产业进行优化管理，鼓励和激发工作人员创新的积极性；最后，科学合理地推进创新成果的商业化进程，继续引导新的知识成果的产生。

我们需要推动技术突破和技术创新，推进传统产业优化升级，加快培育和发展战略性新兴产业，加大文化领域科技类知识产权的保护力度，发挥科技创新对文化发展的引擎作用，提高文化产业技术装备水平，增强文化产业核心竞争力，推动中华文化走向世界。重视专利的发明目的对专利权保护范围的限定作用，不应把具有专利所要克服的现有技术缺陷或者不足的技术方案纳入保护范围。

8.4.4　加强产业集聚，扩大"干中学"效应

产业地理集中能够产生广泛的集聚经济效益。根据新增长理论，区域产业集群的"外部性"效应会使聚集的企业受益，产业集群充满一种传播新思想、新技术以及最新工作经验的学习"氛围"，聚集企业之间的相互学习，可以促使区域产业的知识存量不断增长。区域合作既是反映经济社会发展的规律，又是顺应时代发展的要求。在跨国区域经济快速发展并不断地整合的背景下，地方经济合作已经成为可以预期的基本趋势，若结合此趋势把握机遇，合理制定产业集群战略等，将更好地发挥产业"干中学"效应，将更好地推动产业的可持续发展和社会经济发展。随着国内和国际区域合作的步伐加快，战略性新兴产业在发展中面临的机遇和挑战也随之增加，只有通过多种方式推动科技进步和技术创新，才能抓住形成国家动态比较优势的关键。

8.5
构建战略性新兴产业贸易预警体系

战略性新兴产业的发展虽然受到了世界各国的重视，但是作为新兴产业，它仍存在外向发展的风险，从中国战略性新兴产业的外向发展来看，可能面临核心技术不强、优势不明显、低端产能过剩的风险，因此，需要积极构建战略性新兴产业贸易预警体系，帮助企业降低风险。

8.5.1　开展专利分析，避免知识产权纠纷

通过对国内战略性新兴产业专利申请情况进行统计分析，有针对性地选择核心专利状况进行研究，帮助企业明确产业创新方向，寻找专利突破路径。例如，针对特定 LED 技术领域和核心产品进行专利挖掘、分析，跟踪国际大公司相关产品研发的技术路线，为 LED 企业开展自主创新提供技术引导和专利支撑。开展专利分析，是帮助企业在知识产权方面优化创新方向、正确选择技术突破口的有效措施，是推动产业转型升级和加强企业自主创新积极性的需要，有助于企业掌握产业发展的方向，为企业技术创新、产业发展规划提供决策依据；也有利于企业优化自身资源，有效配置创新资源，充分发挥知识产权对产业发展的引领和支撑作用；更有利于放大知识产权的能动作用，助推 LED 产业的转型升级。

8.5.2　贸易摩擦预警区别于传统产业

我国战略性新兴产业的发展速度较快，一些产业在国际市场中已经占有了一定的份额，但与一些发达国家相比，在掌握核心技术和完善产业链方面还存在一定的差距，且其市场需求主要在国外，一旦主要贸易伙伴国采取影响战略性新兴产业产品出口的政策或措施，鉴于该产业的特殊性，影响的不

仅是该产业，还会产生很多不良的连锁效应。因此，在贸易预警体系建设方面，需要有别于传统产业。一方面，由于战略性新兴产业的核心技术主要依赖进口，所以在预警方面既要重视出口，又要重视进口的变动。另一方面，要对战略性新兴产业的国际市场状况进行定期的系统分析。战略性新兴产业的对外贸易具有一定的地理分布规律，由于主要贸易国贸易保护措施的示范作用及其产生的连锁效应快速且范围也大，所以，需要对产品在主要贸易国的市场渗透率、竞争情况，及时进行资源的搜集、整理与数据分析，当有关指标达到一定水平时，要给予有关企业及时的数据公报，提示企业做好有关防范准备。总之，战略性新兴产业的引领和带动作用将随着科技的发展快速彰显，在贸易预警体系的构建方面，需要在传统产业有关经验的基础上，结合战略性新兴产业的特点，注重差异性，更好地完成风险预警工作，保障战略性新兴产业的平稳发展。

第 9 章

结　　论

　　全球经济深度调整，既有复苏迹象，又面临着基础不稳、动力不足、速度不均的问题。但是，国际金融危机不会改变经济全球化的基本格局，不会改变国际投资的长期增长趋势，也不会改变全球投资自由化的基本取向。金融危机之后，很多国家通过各种隐形的贸易保护手段，影响了中国的对外贸易与要素流动，给中国企业的外向发展带来了风险。为了解决失衡问题，各国也在积极进行自身的产业结构调整与改革，均积极促进以战略性新兴产业为主导的产业发展。战略性新兴产业的成长有其自身的发展规律，同样也符合企业成长的一般规律：企业的成长要依靠内部和外部条件共同推进；企业家在企业成长中起着关键作用；企业成长过程中也要经历优胜劣汰的竞争。同时，中国战略性新兴产业的发展也具有自身的发展特点与优势，中国自身具有巨大的国内市场与"支持政策"驱动成为战略性新兴产业加快起飞的重要助推器。

　　2008 年金融危机之后，中国经济整体上保持了平稳的发展，但中国国内经济和对外贸易还是受到了很大的影响，主要体现在国外需求萎缩，国内需求不旺，原本外销的产品，内需解决不了，部分产业产能过剩局面凸显。随着要素价格趋同的发展，中国低成本要素价格的优势已经逐渐弱化，中国面临着快速转变经济发展方式的巨大压力，经济发展由要素驱动转变为创新驱动，中国产业的发展急需改变原来的以牺牲环境为代价的发展模式，要继续助推创新发展、可持续发展。中国目前总共有 24 个行业，但其中的 21 个已经存在产能过剩的问题，主要的代表行业有：纺织业、服装业、钢铁业等。2009 年，国内纺织行业过剩产能至少超过总产能的 20% 。传统纺织业由于过剩产能问题比较严重，需求没有得到提升，产业升级困难，加之 2008 年以来，受金融危机影响，国际经济不景气，行业的盈利能力很难得到大幅提升，纺织业的发展遇到很多困难。

从中国面临的企业生产中带来的污染问题来看，通过各地区大气污染负担率与生产贡献率的比较，证实结果显示：不同地区的工业生产贡献所带来的气体污染物排放水平是存在差异的，当仅考虑工业生产力水平因素，来研究气体污染物排放水平时，地区可以通过提高生产力水平和技术水平，或者通过气体污染物排放的控制措施，来有效降低气体污染物的排放负担。从解决污染问题和加快产业技术含量、转型升级来看，根据战略性新兴产业先导性、创新性和与其他产业关联性的特征，本书实证分析认为，我国转变经济发展方式的重要原因，即实现可持续发展，实现经济效益和生态效益双赢，而战略性新兴产业的发展正是在符合时代要求，符合国情，符合产业发展需要的情况下而提出来的。

不仅工业化进程差异导致的区域生态协调功能的差异在不同地区表现显著，而且，由于各地区没有形成良好的分工协作关系，经济联系也不密切，跨区域产业价值链的建设与完善也受到了影响，另外，不完善的和低级的产业链也影响开放型经济建设的环境，影响企业的成长步伐。多年来，各地区都是相互独立发展，没有形成良好的分工协作关系，使不同区域在协同发展中存在着各方面的"壁垒"，例如，文化、区域政策等，产业在各地区发展水平也存在差异，这些都影响了中国战略性新兴产业链的高端化发展。

从世界范围来看，各国都在寻求产业发展的新的制高点，从新能源、生物制药、云计算等诸多方面选择各国不同的产业支持切入点，美国、日本、英国、德国和韩国等一些国家，为了加强实体经济，扭转经济低迷局面，竞相发展战略性新兴产业，各国分别通过法制、政策和科研合作等多种途径积极推进新兴产业的科技成果转化，不断加大各种支持力度。

"一带一路"倡议提出以来，中国战略性新兴产业的对外合作与国际化发展取得了显著的成绩，尤其是 2016 年、2017 年的诸多指标实证分析更印证了这一事实。中国战略性新兴产业在国内地区发展上产业集聚水平存在区域差异，在行业细分下，各行业的外向发展水平也存在梯度水平差距，但是积蓄的发展潜力和对外发展市场空间较大。

中国战略性新兴产业在高端技术与产品发展上表现出以下特点：第一，企业利用不同地区的区位优势生产差异化的产品，企业产品间不存在明显的同质化竞争。第二，产业集聚为战略性新兴产业技术的崛起奠定了重要基础。环渤海、长三角、珠三角、中西部初步形成的产业集聚区与竞相发展的产业格局为战略性新兴产业的快速发展奠定了重要的产业基础。各区域差异化方向的科研基础条件与实力、逐渐完善的产业配套、人才供给等要素条件打造了企业快速优化结构、推动产业转型升级的强大基础。第三，"一带一路"倡议为战略性新兴产业技术的国际化带来了重大机遇。借助"一带一路"推动战略性新兴产业国际化拓展，带动外贸结构优化，对构建互利共赢的国际新格局具有重大意义。第四，政策红利督促战略性新兴产业快速稳步发展。国家与地方对战略性新兴产业发展的一系列支持政策陆续出台，激励了战略性新兴产业发展的热情。在国家的高度重视下，在国内外需求不断增加的良好环境下，战略性新兴产业的国际市场占有率在实现逐步提升。扶持现有生产基础条件，加大产业集群，更好地释放政策效应，努力突破发展中遇到的瓶颈问题，将会为中国制造业的发展不断注入新的活力，产生更大的新动能。

中国战略性新兴产业的成长有其自身的发展规律，同样也符合企业成长的一般规律。战略性新兴产业的分工与追逐规模经济，成为产业不断成长的主要动力。战略性新兴产业在生产分工状态下，劳动生产效率得到了更显著的提高，生产规模也得以日益扩大，从而进一步促进了分工与协作的深化，使企业不断成长。工业经济发展状况的外部环境条件影响着中国战略性新兴产业的发展，国家强有力的支持政策为战略性新兴产业的发展创造了良好的发展条件。随着中国战略性新兴产业管理不断科学化，在外部与内部条件的共同作用下，中国战略性新兴产业成长壮大的速度会平稳加快。

开放型经济建设的发展提升了战略性新兴产业对全世界要素资源的优化

配置能力，尤其在"一带一路"倡议下，中国战略性新兴产业的一些企业积极拓展国际市场空间，促进国际交流与发展。中国战略性新兴产业在推动经济发展与带动就业等方面，已经取得了明显的成效，但现在从整体行业发展来看，仍处于"政策驱动型"，而非"市场拉动"。战略性新兴产业在参与国际经济合作中，已经开始依靠自主的知识产权，享受国际分工的利益，但在技术高端化产品或服务发展上，与发达国家还是存在一定的差距，但中国自身具有内需市场和日益扩大的"一带一路"沿线国家不断被开发的消费市场为调动战略性新兴产业不断创造有效供给提供了内在动力。

战略性新兴产业范畴本身就是一个动态的概念，它会随着产业结构调整和经济发展水平变化等相应地发生内涵的变化，世界各国根据自身实际国情选择了各自的战略性主导产业。在这样的背景下，中国对开放型新体制的构建战略必然会助推战略性新兴产业的迅速崛起。可以说，当前的国际经济形势赋予了中国由生产强国快速向制造强国迈进的机会，即大力推进战略性新兴产业的发展，在全球经济失衡的背景下，加快产业结构优化，加快体制创新与科技创新的步伐，使中国产业强化自身的核心技术，捕捉可持续的竞争优势，提高产业国际竞争地位。但是，中国各地区战略性新兴产业的发展水平参差不齐，广州与江苏等地区的战略性新兴产业的产业集聚效应明显高于其他地区。近年来，部分地区战略性新兴产业的发展对国内外消费的带动与经济发展的贡献呈现逐年上升的态势。整体而言，中国战略性新兴产业的市场发展空间极大，它的发展，弥补了某些产业不具有核心技术的短板，它既是世界市场需求增长较快的产业，又是国内拉动消费的重要产业，战略性新兴产业正逐步成为中国经济增长的重要动力。各地战略性新兴产业的发展既面临着难得的机遇，又存在严峻的挑战。地方发展战略性新兴产业，既需要服从于国家的战略规划，又需要考虑到当地的资源禀赋和发展环境。因此，需要从提升经济开放水平；加强区域合作，加强人才的智力支撑作用；强化战略性新兴产业的竞争优势；构建贸易预警体系等多方面制定合理的战略性新兴产业的发展策略，以保证该产业的平稳快速发展。

参 考 文 献

[1] 鲍南. 国内外水污染物排污权交易政策分析及启示 [J]. 上海环境科学, 2009 (3): 134 - 136.

[2] 蔡爱军, 朱传耿, 仇方道. 我国开放型经济研究进展及展望 [J]. 地域研究与开发, 2011, 30 (2): 6 - 11.

[3] 蔡永鸿, 宋彦. 国外关于企业成长理论的重点综述 [J]. 辽宁工学院学报 (社会科学版), 2007 (2).

[4] 陈才, 刘晓晴. 以中国—东盟信息化合作推动 21 世纪海上丝绸之路发展 [J]. 世界电信, 2017 (2): 59 - 62.

[5] 陈飞翔. 对外开放与产业结构调整 [J]. 财贸经济, 2001 (6): 16 - 23.

[6] 陈飞翔. 开放利益论 [M]. 上海: 复旦大学出版社, 1999: 60 - 62.

[7] 陈昊洁, 韩丽娜. 我国高端装备制造业产业安全问题研究 [J]. 经济纵横, 2017 (2): 79 - 82.

[8] 陈甲斌. 金融危机背景下中国铁矿资源的思考 [J]. 矿业研究与开发, 2010 (1): 111 - 114.

[9] 陈琦, 曹兴. 企业成长理论述评 [J]. 湘潭大学学报 (哲学社会科学版), 2008 (3).

[10] 陈燕. 浅议中国对外贸易的可持续发展 [J]. 北方经贸, 2010 (1): 15 - 17.

[11] 崔学民, 梁冬晗, 孟拓. 新一代信息技术产业提速 [J]. 中国经济报告, 2017 (11): 68 - 70.

[12] 第二批淘汰落后和过剩产能企业名单公布 [J]. 纺织科学研究,

2014 (9)：7.

[13] 丁波涛. 中国—东盟信息化合作现状 [J]. 东南亚纵横，2017 (4)：57 - 62.

[14] 丁明磊，刘秉镰. 开放型经济与区域经济一体化下创新系统研究 [J]. 科技与经济，2010 (2)：7 - 10.

[15] 方家喜. "专项引领新兴产业"获高层认可 [N]. 经济参考报，2013 - 8 - 30.

[16] 纺织等行业产能过剩问题突出 [J]. 河南纺织科技，2006 (1)：37.

[17] 纺织工业形势分析课题组. 纺织工业：亟须化解产能过剩 [J]. 中国经济和信息化，2014 (23)：88 - 93.

[18] 冯子煜. 节能环保产业亟需大力发展 [J]. 中国贸易救济，2012 (2)：30.

[19] 傅年丰. 合肥市多措并举治理大气污染 [N]. 人民政协报，2013 - 03 - 01 (A02).

[20] 顾国达，郭爱美，牟群月. 论本轮全球经济失衡的可持续性——基于耦合机制视角的分析 [J]. 探索，2013 (2)：76 - 81.

[21] 《关于进一步推进科技创新加快高新技术产业化的若干意见》解读（之一）[J]. 华东科技，2009 (7).

[22] 郭晓丹，刘海洋. 中国战略性新兴产业规模分布与创新影响 [J]. 财经问题研究，2013 (11).

[23] 韩太祥. 企业成长理论综述 [J]. 经济学动态，2002 (5).

[24] 洪志生. 合同能源管理：重构节能环保产业的商业模式 [J]. 中国战略新兴产业，2015 (13)：58 - 59.

[25] 胡锦涛. 高举中国特色社会主义伟大旗帜 为夺取全面建设小康社会新胜利而奋斗——在中国共产党第十七次全国代表大会上的报告 [M]. 北京：人民出版社，2007：14 - 15.

[26] 姜照华，李鑫. 生物医药全产业链创新国际化研究——以沈溪生物医药产业园为例 [J]. 科技进步与对策，2006，29 (4)：66 - 68.

[27] 蒋钦云. 我国战略性新兴产业规划与美国重振制造业框架比较研究 [J]. 国际经济合作，2012 (1)：53－58.

[28] 孔令龙. 提高开放型经济水平 形成参与国际经济合作和竞争的新优势 [J]. 宏观经济管理，2008 (1)：15－16.

[29] 兰宜生. 对外开放度与地区经济增长的实证分析 [J]. 统计研究，2004 (2)：19－22.

[30] 李成钢. 中国加工贸易的发展和竞争优势的提升 [J]. 国际经贸探索，2008 (9)：14－16.

[31] 李恒. 开放型经济发展的动力机制与模式选择 [J]. 华中科技大学学报，2011，25 (3)：80－86.

[32] 李孟刚. 产业安全 [M]. 浙江：浙江大学出版社，2008：110.

[33] 李森森，刘德胜. 企业成长理论新进展：非线性成长机制 [J]. 山东大学学报（哲学社会科学版），2014 (1).

[34] 李伟娟，魏振香. 低油价对中国石油装备制造业的影响及对策研究 [J]. 价格月刊，2017 (1)：35－39.

[35] 林东. 从汽车出口大国迈向制造强国还差啥？ [N]. 科技日报，2013－02－18 (9).

[36] 林孝文，何陈念. 区域环境、资本结构与企业绩效——以高端装备制造业为例 [J]. 福州大学学报，2019 (11)：29－35.

[37] 刘春长. 我国铁矿石供需态势分析与国际定价权争取策略研究 [J]. 宏观经济研究，2011 (12)：41－48.

[38] 刘里. 英国为农民发环保补贴 [J]. 小康生活，2005 (5)：65.

[39] 刘亮. 新能源发展要追求规模、效率与产业的协同——专访国网能源研究院新能源研究所所长李琼慧 [J]. 中国电力企业管理，2017 (9)：32－34.

[40] 刘新志，刘志彬. 开放型经济运行机理及其发展路径——以吉林省为例 [J]. 西南农业大学学报，2008，6 (6)：26－30.

[41] 刘勇. 国际金融危机背景下我国"开放型经济体系"框架构建研究 [J]. 理论与改革，2009 (2)：84－86.

[42] 马珩，李睿欣，周梦娜. 基于 DEA 的中国新材料产业融资效率研究 [J]. 当代会计评论，2015，8（1）：140－149.

[43] 马涛，钟在明，郑葵. 基于企业成长理论的个私经济转型升级研究：以浙江省为例 [J]. 当代经济，2013（21）.

[44] 孟东梅，左鹏，姜延书. 我国钢铁业贸易困境及解决对策 [J]. 学术交流，2014（1）：82－86.

[45] 孟凯. 生态省建设与生态产业发展 [J]. 农业系统科学与综合研究，2005（2）：75－77.

[46] 孟祺. 战略性贸易政策视角下的新兴产业发展路径选择 [J]. 经济体制改革，2011（3）：91－94.

[47] 孟耀，张弥. 外部经济失衡与中国经济发展的策略选择 [J]. 财经问题研究，2008（9）：123－126.

[48] 穆献中. 国际新兴能源产业发展的法律政策体系评析 [J]. 石油科技论坛，2009（6）：66－70.

[49] 聂元贞，章文光. 美国钢铁贸易保护争端及其对世界经济贸易的影响 [J]. 国际经贸探索，2003（1）：39－42.

[50] 聂尊誉，温杜斌，赵安中，张十庆. 国内外新材料产业发展现状与趋势研究 [J]. 中国科技纵横，2017（6）：228－230.

[51] 牛晓其. 理想洛伦兹曲线拟合及其方程特性 [J]. 安徽师范学院学报，2009（2）：19－22.

[52] 庞弘燊，宋亦兵，覃筱楚，黄耀东，张雯，侯红明. 广东省生物医药店知识产权密集型产业对比分析 [J]. 科技管理研究，2018（1）：93－102.

[53] 普拉哈拉德，哈默. 企业核心能力论 [J]. 哈佛商业评论，1990（6）.

[54] 齐兰，王珊. 中国高端装备制造业产品内分工程度与地位 [J]. 吉林大学社会科学学报，2018（11）：83－93.

[55] 齐明，王雄伟. 基于"一带一路"战略的中医药国际化的机遇与挑战 [J]. 医药与社会，2018（4）.

[56] 齐润姿，潘思蔚，赵亮. 生物医药产业的监管与贸易前景 [J]. 政策瞭望，2016（11）：44－46.

［57］乔晓楠. 环境税的双重红利及其实现方式［N］. 中国社会科学报，2012－09－24（A06）.

［58］秦夏明，董沛武，李汉铃. 产业集群形态演化阶段探讨［J］. 中国软科学，2004（12）：124.

［59］曲永军，毕新华. 后发地区战略性新兴产业成长动力研究［J］. 社会科学战线，2014（5）.

［60］芮明杰. 战略性新兴产业发展的新模式［M］. 重庆：重庆出版社，2014：2－3.

［61］沙莎. 构筑开放型经济"新高地"［J］. 西部大开发，2017（9）：94－96.

［62］尚会永. 企业成长的理论分析框架比较［J］. 当代经济研究，2011（5）.

［63］邵云飞，殷俊杰，杜欣. 新一代信息技术产业联盟组合研究回顾与展望［J］. 电子科技大学学报（社科版），2018（3）：25－33.

［64］申蕾. 要素流动与全球经济失衡［J］. 世界经济研究，2013（6）：24－28.

［65］沈坤荣. 美国的战略性新兴产业发展趋势及其启示［J］. 群众，2011（8）：76－77.

［66］盛新宇. 20国集团高端装备制造业出口技术含量测评［J］. 上海立信会计金融学院学报，2017（4）：89－100.

［67］史丹. 国际金融危机之后美国等发达国家新兴产业的发展态势及其启示［J］. 中国经贸导刊，2010（3）：32－33.

［68］舒建玲，杨艳琳. 以生态产业推动我国循环经济的发展［J］. 生态经济，2012（6）：136－139.

［69］宋泓. 战略性新兴产业的发展［M］. 北京：中国社会科学出版社，2013：5－6.

［70］苏楠. 滇虹药业牵手德国拜耳 昆明国家生物产业基地国际化进程加速［J］. 中国科技产业，2014（4）：47.

［71］隋映辉. 产业集群成长、竞争与战略［M］. 山东：青岛出版社，

2005：27.

[72] 孙凌宇，郭海君．企业成长理论的本土化发展 [J]．攀登，2012（3）．

[73] 万钢．希望对燃料电池汽车予以高度重视 [J.]．时代汽车，2016（1）：9 – 15．

[74] 汪建，赵驰，周勤．前端创新、研发绩效与新兴产业成长：以中国风电产业为例 [J]．现代经济探讨，2012（5）．

[75] 汪琦．WTO 框架下美国运用"合规性"贸易壁垒的产业分布特点及内在原因分析 [J]．亚太经济，2005（4）：19．

[76] 王本力，张镇，李茜．"互联网＋"新材料产业发展的强力引擎 [J]．新材料产业，2015（5）：5 – 7．

[77] 王博，张刚．中国数字创意产业发展研究——基于产业链视角 [J]．中国物价，2018（3）：25 – 27．

[78] 王步芳．"干中学"与产业集群核心能力的形成 [J]．世界地理研究，2005（3）：37．

[79] 王步芳．企业群居之谜：集群经济学研究 [M]．上海：上海三联书店，2007：140．

[80] 王红梅，李代民，孙莹．我国数字创意产业发展的制约因素分析——基于钻石模型视角 [J]．福建论坛，2010（4）：102 – 103．

[81] 王宏飞．美国生物技术产业发展现状 [J]．全球科技经济瞭望，2005（1）．

[82] 王欢，黄亚林．节能环保产业上市公司技术效率评价研究 [J]．中国市场，2016（17）：159 – 160．

[83] 王辉．8 成投诉在汽车保修期内 [N]．中国质量报，2013 – 03 – 19（7）．

[84] 王鹏，王彤．高端装备产业：塑造中国制造"新形象" [J]．中国战略新兴产业，2017（1）：32 – 35．

[85] 王鹏，王影．高端装备产业：塑造中国制造"新形象" [J]．中国战略新兴产业，2017（1）：32 – 35．

［86］王涛，刘雪萍，陈志军．融资约束对中国新材料产业自主创新的影响［J］．中国科技论坛，2015（8）：111–115．

［87］王晓鸿，杨艳丽．甘肃省节能环保产业发展影响因素研究［J］．经济研究导刊，2015（27）：25–27．

［88］王晓雷．美国相对贸易逆差与贸易保护政策的失灵［J］．当代财经，2006（4）：98–101．

［89］王兴艳，李丹．美国新材料产业支撑体系研究及启示［J］．特区经济，2015（9）：59–60．

［90］王兴艳，李丹．美国新材料产业支撑体系研究及启示［J］．特区经济，2015（9）：59–60．

［91］王艳秀．中国汽车产业的外向发展与节能减排［J］．经济与管理，2010（10）：84–87．

［92］王勇．试论利益集团在美国对华政策中的影响［J］．美国研究，1998（2）：60–91．

［93］王璋瑜．1987美国公共生物技术公司收入达12亿美元［J］．生物技术通报，1989（5）．

［94］文仆．美、日新兴产业的发展显现出蓬勃生机［J］．科技与管理，1996（6）：17．

［95］巫云仙．美国政府发展新兴产业的历史审视［J］．政治经济学评论，2011（4）：93–108．

［96］吴宇晖，付淳宇．中国战略性新兴产业发展问题研究［J］．学术交流，2014（6）：93–97．

［97］谢健．洛伦兹曲线与基尼系数的估计方法［J］．浙江经济高等专科学校学报，1999（4）：19–22．

［98］新材料产业2025年产值有望达10万亿元［J］．热固性树脂，2018（2）：27．

［99］徐传谌，张海龙．高端装备制造业国有股权比例的"底部价值陷阱"研究［J］．求是学刊，2018（1）：51–58．

［100］徐道炜，刘金福，洪伟．中国城市资源环境基尼系数研究［J］．

统计与决策，2013（9）：27-30.

[101] 徐建伟，李武武. 内生性企业成长理论对新创企业成长的启示 [J]. 商场现代化，2011（12）.

[102] 徐立新. 论生态经济及其发展 [J]. 商业研究，2005（330）：106-107.

[103] 严帅，张紫君，张青阳，张梦帆，封殿胜. 广州市智能装备产业集群发展现状及对策 [J]. 科技管理研究，2019（1）：137-148.

[104] 杨公朴. 产业经济学 [M]. 上海：复旦大学出版社，2005：90.

[105] 杨文宇，李德甫. 美国信息产业发展经验及启示 [J]. 产业观察，2010（7）.

[106] 杨旭涛. 建立开放型经济体系 加快欠发达地区的开发和建设 [J]. 商场现代化，2009（550）：287-288.

[107] 叶骏强，贺涵甫. 国家数字出版基地发展瓶颈与破解 [J]. 中国报业，2017（21）：78-79.

[108] 殷德生，胡峰. 动态比较优势的来源与演进 [J]. 求索，2006（4）：1.

[109] 殷德生. 外部效应、报酬递增与产业内贸易 [N]. 华东师范大学学报，2006（1）：118.

[110] 尹响，杨继瑞. 我国高端装备制造业产业国际化的路径与对策分析 [J]. 经济学家，2016（4）：105-106.

[111] 于长钺，王长峰，庄文英，付伟. 基于动态演化视角的新一代信息技术产业评价研究 [J]. 情报科学，2018（5）：110-113.

[112] 袁娅，李祺，吴剑峰，孙泽宇. 中医药国际化之路还有多远？ [J]. 中外管理，2017（C1）：88-91.

[113] 岳欣，徐俊杰，忻展红. 基于企业成长理论的互联网业务演化过程研究 [J]. 重庆大学学报（社会科学版），2010（2）.

[114] 曾智泽. 美国政府培育发展新兴产业的经验 [J]. 现代产业经济，2013（Z1）：69-72.

[115] 翟纯红，郝家龙. 比较优势分析法在产业集群发展路径研究中的

应用 [J]. 中国矿业, 2008 (11): 30.

[116] 詹政, 向洪金. "双反" 措施的经济效应分析: 以美国对华光伏产品为例 [J]. 产业经济研究, 2014 (2): 65 - 74.

[117] 张凤乔. 信息化与工业化融合的机制研究 [J]. 机电技术应用, 2017 (3): 101.

[118] 张鸿. 中国对外贸易的动态优势变化与外贸增长方式的转变 [M]. 北京: 人民出版社, 2010: 23.

[119] 张吉昌. 经济全球化背景下中国开放型经济的发展 [J]. 技术与管理研究, 2003 (5): 9 - 11.

[120] 张吉国, 周娟, 田野青. 从比较优势走向竞争优势: 中国对外贸易战略转变的依据和路径 [J]. 商业研究, 2007 (7): 175 - 179.

[121] 张佳睿. 美国风险投资与技术进步、新兴产业发展的关系研究 [D]. 吉林大学 2014 年博士论文.

[122] 张晶, 封志明, 杨艳昭. 洛伦兹曲线及其在中国耕地、粮食、人口时空演变格局研究中的应用 [J]. 干旱区资源与环境, 2007 (11): 63 - 66.

[123] 张立光, 史有军, 李华. 贸易开放度对经济增长的长期均衡效应 [J]. 财经科学, 2004 (1): 78 - 82.

[124] 张玲斌. 纺织行业产能过剩分析及措施 [J]. 经营管理者, 2010 (12): 216.

[125] 张珉, 王迎春. 企业成长理论 [J]. 湘潭大学学报 (哲学社会科学版), 2005 (1).

[126] 张铭贤. 积极推进华北大气污染联防联控 [N]. 河北经济日报, 2013 - 03 - 04 (001).

[127] 张然. 浅谈聚酯纤维产销失衡谁之过 [J]. 纺织商业周刊, 2009 (13): 19 - 20.

[128] 张书喜. 突破寒暑限制 进军寒带市场 江淮新能源自主研发成功液冷技术 [N]. 安徽日报, 2017 - 12 - 13 (11).

[129] 张伟, 胡剑波. 产品内分工、产业体系演变与现代产业体系形成 [J]. 产经评论, 2014 (7): 5 - 18.

[130] 张小蒂，赵榄. "干中学"、企业家人力资本和我国动态比较优势增进 [N]. 浙江大学学报，2009 (4): 73.

[131] 张鑫. 生物产业贸易发展的主要问题与应对策略 [J]. 中国经贸导刊，2013 (5): 8-10.

[132] 张振翼，朱蕊. 动漫游戏产业"一带一路"国际合作正逢其时 [J]. 中国战略新兴产业，2017 (19): 63.

[133] 赵树杰. 新技术革命的支柱之一 生物工程技术 [J]. 世界知识，1984 (13).

[134] 赵志泉. 装备制造业转型竞争中的国家和地区政府行为及政策选择研究 [J]. 中原工学院学报，2017 (5): 37-43.

[135] 郑丽君. 莫颖宁. 中医药国际化研究综述 [J]. 现代商业，2018 (5): 236-237.

[136] 中国工程科技发展战略研究院编. 中国战略性新兴产业发展报告 2015 [M]. 北京：科学出版社，2015: 2-10.

[137] 中国工程科技发展战略研究院. 中国战略性新兴产业发展报告 2015 [M]. 北京：科学出版社，2015: 1-10.

[138] 周长益. 加快培育发展新材料产业 突破一批关键高端品种 [J]. 中国经贸导刊，2017 (1): 46-47.

[139] 周慧杰，宋书巧，周兴. 美国的排污权交易及对中国的启示 [J]. 广西师范学院学报，2006 (6): 58-60.

[140] 周锦. 大数据背景下的文化创意产业发展 [J]. 群众，2017 (8): 46-47.

[141] 周智佑. 马来西亚发展信息产业的政策措施 [J]. 中国信息导报，2002 (5): 42-43.

[142] 邹一雄，邵东国. 美国水质交易对河湖排污管理的启示 [J]. 河湖水生态环境专题论坛论文集，2011: 1-8.

[143] Zhang Qian. Focus on the Development of Strategic Emerging Industries in China—Based on SWOT Analysis [J]. International Journal of Business and Social Science. Vol. 4 No. 16; December 2013: 232-238.